INHALTSVERZEICHNIS

Einführung

Der Zen-Weg ist ein Lebensweg, der sich immer und überall und für jeden, der ihn gehen will, auftut – in der „großen offenen Weite" des Bodhidharma, von dem im Kapitel 2 die Rede sein wird. Der Zen-Weg ist ein Übungsweg für ernsthaft Suchende, die wirklich bereit sind, sich aus eigener Anstrengung um mehr Menschlichkeit zu bemühen – nicht in verbal-intellektualisierender Form, sondern unter vollem existentiellen Einsatz der eigenen Person.

Der Zen-Weg ist zwar ein religiöser, ein spiritueller Weg, aber nicht im Sinne einer dogmatischen Religion oder Konfession, sondern als eine meditativ geprägte Einstellung und Grundhaltung gegenüber dem Umgang mit Mensch und Welt. „Der Weg ist das Ziel" und „das Alltägliche ist der Weg" könnte es – nach Laotse – auch im Zen heißen, womit darauf hingewiesen wird, daß es eigentlich keiner besonderen Lehre oder Orientierung bedarf: Denn im Grunde geht es darum, sich einfach auf den Weg zu machen, der gerade vor einem liegt und der einem im Gehen vertraut werden wird.

Dennoch gibt es natürlich Landkarten und Wegweiser für den Zen-Weg durch die Landschaft des Seins, die im eigenen Herzen begründet liegt, das es zu erkennen und als Herz-Geist in Haltung und Handlung zu reinigen gilt. Von „Herz zu Herz" soll dieser Geist übertragen werden, direkt und ohne Worte – genauso wie in der berühmten wortlosen Blumen-Predigt Buddhas, die im Kapitel 1 dieses Buches beschrieben wird. Damit zeigt sich das Schweigen als die Sprache des Zen, wie übrigens in Japan allgemein und noch heute die wortlose Verständigung als die höchstmögliche Form persönlicher Kommunikation gilt. Diesen klassischen Beschreibungen existentieller Landschaften und ihrer Wegmarken widmet sich Kapitel 3 über Sutren, Texte und Koan-Sammlungen.

Bei einem Koan handelt es sich um eine paradoxe Frage, Aussage oder Geschichte, deren Inhalt logischem Denken allein nicht zugänglich ist. Zwar müssen die Grenzen des Intellekt stets ausgeschritten werden, bevor sie existentiell transzendierbar sind: im Denken des Nicht-Denkens auf dem Weg zur Gestaltung des Gestaltlosen. Das Koan soll dabei (nach Professor Hungerleider) helfen wie eine Nuß, die einem fast Zahnlosen in den Mund geschoben wird. Nicht mit der tatsächlich unmöglichen Öffnung der Nuß entsteht die Lösung, sondern damit, daß dem Schüler schließlich auch noch der letzte intellektuelle Zahn gezogen wird bzw. einfach ausfällt.

Von den großen Lehrern und Wegbereitern des Zen in Japan, Dogen und Hakuin, ihrer Geschichte und Gestalt ist im Kapitel 4 die Rede. Dabei geht es weniger um die Inhalte ihrer Lehrüberlieferung als vielmehr um die persönliche Bild- und Vorbildhaftigkeit, die sich aus der Beschreibung unschwer dokumentiert: „Zen in Gleichnis und Bild", wie auch im Untertitel des Buches „Eine Blume lehrt ohne Worte" von Zenkei Shibayama anklingt[1]. Es geht um das Bild solcher gelebten Erfahrung, die den Menschen, dem sie widerfährt, spürbar verändert. Man kann Zen nicht „machen", seine Wesensschau *(Kensho)* nicht suchen oder finden, nicht herbeizwingen – man kann sich von ihr höchstens suchen, finden, überraschen lassen im Sinne der Absichtslosigkeit Dogens:

„Nichts erhoffen, nichts befürchten,
nichts erwarten, nichts erwägen,
nur sitzen um des Sitzens willen" –

womit die Übung der Meditation des Sitzens im ZaZen gemeint ist.

Wie sich Zen auch im Erlebnis und Ergebnis gewisser praktischer und gewissenhaft praktizierter Übungen zeigen kann, davon berichten die Kapitel über die verschiedenen Zen-Wege (japanisch DO = „Weg").

Do – „Der Weg" von Hirata Roshi

Dabei wird unterschieden nach der Übung des Zen in den Wegen
der Kampfkünste *(martial arts)*, wozu gehören:

Iaido und Kendo, die Schwert-Wege;
Judo, Karate-do und Taekwondo, die körperlichen Kampf-Wege;
Aikido, Kinomichi und Tai Chi Ch'uan, die Wege des sanften
Kampfes;
Kyudo oder Zen in der Kunst des Bogenschießens;

und der Übung des Zen in den Wegen der schönen Künste *(fine arts)*:

Chado, der Tee-Weg;
Kado (oder Ikebana), der Blumen-Weg;
Kohdo, der Duft-Weg;
Shodo, der Schreib-Weg;
Haiku, das Zen-Gedicht.

Diese sogenannten Wege haben den großen Vorteil, die Wortlosigkeit des Zen bildhaft sichtbar machen zu können. Daß dies auch im industrialisierten Japan von heute ebenso wie teilweise bei uns im Westen geschieht, dokumentiert der Bericht über die entsprechenden Übungen und ihre Meister, deren Beispiel für gelebtes Zen steht.

„Gyo Yu Za Ga" – im Gehen, Stehen, Sitzen, Liegen soll die Übung des Zen im Einzelnen die figürliche „Gestalt des Gestaltlosen" finden und ihn damit erkennbar machen als lebendigen Teil dieser Zen-Weg-Kultur, die im jeweiligen DO zum Ausdruck kommt.

Dieser Bildhaftigkeit sollen schließlich auch die Zehn Ochsenbilder dienen, die dazu in der Abbildung der zehn japanischen Original-Holzdrucke von Tokuriki vorgelegt werden, wie sie auch schon in dem von Paul Reps herausgegebenen Zen-Klassiker „Ohne Worte – ohne Schweigen" reproduziert sind. Die Allegorie dieser Bildfolge gehört zum klassischen Handwerk der Zen-Weg-Schulung. Wo die Spur des Ochsen im eigenen Herz-Geist erst einmal gefunden ist, da gibt es kein Zurück mehr, sondern nur noch das Weiterschreiten auf dem Weg des inneren Lichts *(Kensho)* hin zur möglichen Meisterschaft des Menschlichen.

Solche Meisterschaft wahren Menschseins erlangt man kaum durch Denken und Glauben, sondern vor allem durch Wirken und Bewirken. Es bedarf dazu der Ernsthaftigkeit konsequenter Übung und Entwicklung in der Arbeit an sich selbst als dem einzigen Werkzeug auf der Welt, das uns ständig und ungehindert als Hilfsmittel auf dem Weg zur Verfügung steht.

Auch wenn dies ein sehr weiter, ein lebenslanger Weg sein mag, den der Einzelne vor sich hat: ihm dafür ein paar, aus eigener Erfahrung geschöpfte, Hinweise zu geben, soll der Sinn dieses Buches sein, auf dessen Lesewagnis er sich nun schon einmal eingelassen hat. Eintreten in die Ausweglosigkeit mit sich selbst kann er ohnehin nur allein; aber er wird sich dort auch direkt in der Logik des Widersprüchlichen wiederfinden, die nur von innen her transzendierbar ist im Erleben der Rätselhaftigkeit allen und damit auch des eigenen Seins.

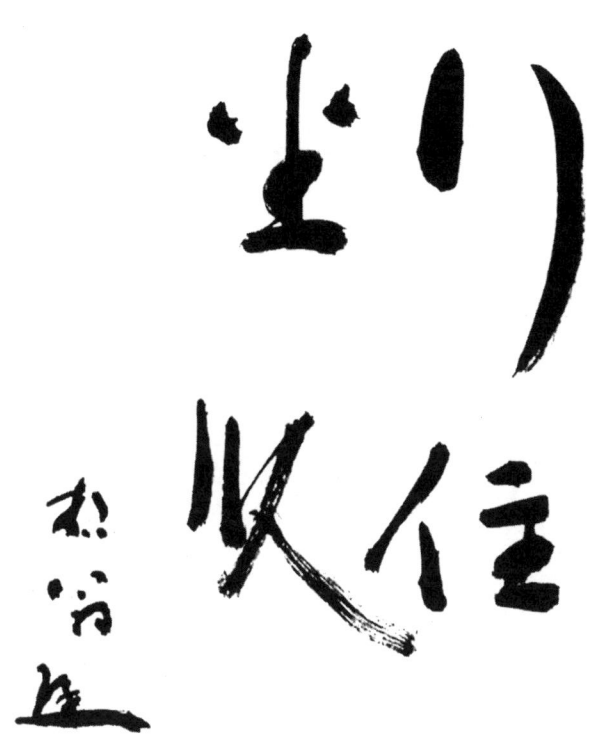

Gyo Yu Za Ga, „im Gehen, Stehen,
Sitzen, Liegen" von Nagaya

9

Gautama Buddha,
der Ur-Patriarch des Zen

Buddha im Lotossitz

Es kann hier im Rahmen unseres Themas nicht darum gehen, Leben und Lehre des historischen Buddha aus dem 6. Jh. vor unserer Zeitrechnung nachzuzeichnen. Als Siddharta Gautama aus dem indischen Fürstengeschlecht der Shakyas *(Shakyamuni* = „der Weise aus dem Geschlecht der Shakyas") wahrscheinlich 556 v. Chr. geboren, hat der spätere Erleuchtete *(Tathagata)* in den 80 Jahren seines Lebens laut eigener Aussage trotz ständiger Belehrung und Unterweisung seiner Schüler eigentlich nichts gesagt – und das nach 45 Jahren intensiven Lehrens und Lebens seit dem Augenblick seines Erwachens unter dem Bodhi-Baum!

Dort saß er für längere Zeit versunken in tiefer Kontemplation im Lotossitz, wie er von vielen Darstellungen her bekannt ist und wie ihn

nach diesem Vorbild Schüler und Übende der Zen-Meditation vor-
zugsweise einnehmen. Dabei können nicht alle den doppelten Lotossitz mit zweifach gekreuzten Beinen einnehmen, doch ist auch der halbe oder einfache Lotossitz schon sehr hilfreich, wenn man sich nicht
mit dem *Suwari-* oder Fersensitz begnügt. Wichtig jedoch ist die aufrechte und gerade Körperhaltung aus dem Becken heraus. Dabei soll
der Übende möglichst den linken Fuß nach oben auf den unterlegten
rechten Oberschenkel legen und nicht den rechten Fuß nach oben.
Dies ist Buddha selbst allerdings erlaubt, da er als Erleuchteter bei Bedarf jederzeit sofort aufstehen können muß, um anderen zu helfen.

Wir Anfänger in der Praxis des Sitzens im ZaZen sollen dagegen
das rechte, zur Bewegung neigende Bein erst einmal in der Ruhestel-
lung der Meditation am Boden festhalten. Dies gilt auch für die Hand-
haltung bei der Sitzmeditation, wozu die linke Hand in die offene
rechte Hand mit der Handfläche nach oben gelegt wird. Lediglich
beim *Kinhin,* der Meditation im Gehen, liegt die rechte Hand über
der linken vor der Brust, was eine Entsprechung zur Aktivität des
Gehens darstellt.

Es soll hier gar nicht erst der Versuch unternommen werden, die
Lehre des Buddhismus auch nur andeutungsweise zu beschreiben: füllt
sie doch 5.048 Bände von Sutren und Niederschriften, die jedem Stu-
dierenden ein reiches Feld auch der intellektuellen Arbeit bereiten
und ein vielfaches beispielsweise der heiligen Schriften des Christen-
tums darstellen. Ganz kurz zusammengefaßt: Die Lehre Buddhas vom
Mittleren Weg oder Edlen Achtfachen Pfad (aus der jeweils rechten
Ansicht, Gesinnung, Rede, Tat, Lebensweise, Anstrengung, Achtsamkeit und Sammlung) soll dem durch sein Karma in das Leid der Welt
verstrickten Menschen die persönliche Befreiung und Überwindung
des Leides ermöglichen.

Diese Lehre stellt keine Theorien oder Dogmen auf, an die zu glauben
wäre, sondern sie gibt ganz praktische Anweisungen zur Bewältigung von
Grundfragen des Daseins in der Verantwortungssphäre des Einzelnen.
Sie ist weniger Religion oder Philosophie als vielmehr Psychologie und
Hinweis zur Kunst der rechten Lebensführung – weniger Wissen nach
Worten als vielmehr Weisheit nach Werten im Sinne einer pragmatischen

Sozialethik, die praktisch gelebt zu verwirklichen ist. Nicht Selbstzweck als Glaubensinhalt, sondern Mittel zum Zweck auf dem Weg der richtigen Lebensgestaltung bietet der Buddha, und er rät: „Gebt das Gute auf und noch mehr das Böse. Wer das andere Ufer erreicht hat, hat kein Floß mehr nötig."

„Der Gedankeninhalt der Buddha-Lehre ist nur eine Hälfte des Werkes Buddhas; die andere Hälfte ist sein Leben, ist gelebtes Leben, geleistete Arbeit, getane Tat" – so lesen wir bei Hermann Hesse, dessen Siddharta früh zur Verbreitung entsprechender Bildhaftigkeit beitrug, an der sich mittlerweile auch die Filmindustrie beteiligt hat.

Und weiter Hermann Hesse 1922[2]: „Eine Zucht, eine seelische Selbstzucht allerhöchster Ordnung ist hier geleistet und gelehrt, von welcher jene Ahnungslosen keine Vorstellung haben, die über Quietismus, indische Träumerei und dergleichen bei Buddha reden und ihm jene westliche Kardinaltugend der Aktivität absprechen. Vielmehr sehen wir Buddha an sich und seinen Jüngern eine Arbeit tun, eine Zucht üben, eine Zielstrebigkeit und Konsequenz betätigen, vor denen auch die echten Helden europäischer Tatkraft nur Ehrfurcht empfinden können."

Dank vieler Millionen Anhänger insbesondere in Asien, aber auch zunehmend im Westen ist der Buddhismus eine Weltreligion – aber eine friedvolle, in deren Namen niemals Kriege oder Kreuzzüge geführt wurden. Friedrich Nietzsche glaubte deshalb, daß der Buddhismus eine Religion für späte Menschen sei – „für gütige, sanfte, übergeistig gewordene Rassen", wofür er Europa noch lange nicht reif hielt, um im „Anti-Christ" fortzufahren: „Der Buddhismus ist eine Rückführung für Menschen zu Frieden und Heiterkeit, zur Diät im Geistigen, zu einer gewissen Abhärtung im Leiblichen. Das Christentum will über Raubtiere Herr werden; sein Mittel ist, sie krank zu machen – die Schwächung ist das christliche Rezept zur Zähmung, zur Zivilisation. Der Buddhismus ist eine Religion für den Schluß und die Müdigkeit der Zivilisation; das Christentum findet sie noch nicht einmal vor – es begründet sie unter Umständen."

Woraus aber schöpft die, von Hesse erwähnte, Aktivität des Buddhismus? Ein Zitat aus dem *Lankavatara-Sutra* („Sutra über das Her-

absteigen nach Sri Lanka"), das einer Predigt Buddhas auf Ceylon
(heute wieder Sri Lanka) zugeschrieben wird, soll dies verdeutlichen:

> *Möge der Jünger sich davor hüten,*
> *sich an Worte zu klammern*
> *in der Meinung, daß*
> *sie ihrem Sinn völlig entsprächen.*
> *Denn die Wahrheit liegt nicht*
> *im Buchstaben beschlossen.*
> *Wenn der Mensch mit dem Finger*
> *auf etwas zeigt, so mag die Fingerspitze*
> *vom Einfältigen für das angedeutete Objekt*
> *angesehen werden.*
> *In gleicher Weise sind die*
> *Unwissenden und Toren*
> *wie Kinder nicht fähig,*
> *die Idee aufzugeben,*
> *daß in dem Fingerzeig der Worte*
> *deren ganzer Sinn enthalten sei.*
> *Sie können sich die höhere Wirklichkeit*
> *nicht vorstellen, geschweige denn*
> *in sich verwirklichen,*
> *weil sie sich an Worte klammern,*
> *die doch nicht mehr sein sollten*
> *als ein weisender Finger.*
> *Denn die Wahrheit -*
> *die Wahrheit*
> *liegt jenseits aller Worte.*

Was hier zum Ausdruck kommt, ist die Essenz des Zen, dessen
Sprache das Schweigen ist. Diese Wortlosigkeit der direkten Übertragung des Geistes „von Herz zu Herz" geht ebenfalls zurück auf den
Buddha, der in der sogenannten Blumen-Predigt von Benares vor dem
versammelten Kreis von Jüngern und Zuhörern statt einer Ansprache
wortlos eine Blume in die Höhe hielt. Und nur Kashyapa, der nächst-
sitzende Jünger, verstand und lächelte leise: erstes Beispiel der direk-

ten Übertragung des Geistes ohne Worte, wie sie fortan jede Einweihung zur Nachfolge von Lehrer zu Schüler beherrscht. Solche Wortlosigkeit geht natürlich weit hinaus über ein einfaches Verstummen. Sie bietet vielmehr Raum für ein Verstehen aus der Fülle des Nichts, die in ihrer Dichte unmittelbar fühlbar wird. Was dies bedeuten kann, wird auf höchst eindrückliche Weise dokumentiert im Sutra des Vimalakirti, einem berühmt gewordenen Laien-Meister. Unter der Überschrift: „Über das Eintreten in die Lehre der Nicht-Zweiheit (Advaita)" wird dort geschildert, wie sich Vimalakirti einst an die um ihn versammelten Bodhisattvas wandte mit der Frage, auf welche Weise ein Bodhisattva in diese Lehre der Leere eintreten könne. Und als er von Dharmesvara bis Manjushri alle 32 Antworten in eindrücklicher Wortform und lehrreicher Poesie erhalten hatte, wurde schließlich dieselbe Frage an ihn selbst gerichtet. Daraufhin trat Vimalakirti in den Kreis der versammelten Bodhisattvas, kniete nieder – und schwieg! Das aber ist es, was man danach das „donnernde Schweigen" des Vimalakirti genannt hat.

Worte sind also – nach den Worten Buddhas selbst – nur Fingerzeige, nur Hinweiszeichen oder Wegweiser auf der Landkarte des existentiellen Seins der Soheit, die nicht mit der Landschaft oder dem wirklichen Gelände selbst verwechselt werden darf. Deren Wege kann man jeweils nur selbst aktiv begehen, erwandern oder erfahren – sich im Gehen vertraut machen. „Es gibt auf dieser Welt einen einzigen Weg, den nur du allein gehen kannst", sagt Nietzsche, und weiter: „Wohin er führt? Frage nicht – geh' ihn!"

Dies entspricht der Zen-Forderung: „Man habe Mut zu gehen, ohne zu wissen, wohin!" Denn: „Der Weg ist das Ziel". Und ebenso gilt: „Das Alltägliche ist der Weg" – *Mushi*, „nichts im Besonderen", sondern stets nur im Einklang mit sich selbst, den anderen und der Situation. Der Dojo, der „Weg-Ort", die Zen-Übungshalle, ist überall. „Den Geist in Versenkung halten und zugleich den Dingen des täglichen Lebens zugewandt bleiben, das ist das Wesen wahrer Meditation" – so lautet die zentrale Empfehlung des Vimalakirti. Sie wirklich zu beherzigen könnte als das einzig wirksame und wahrhafte Anliegen aller Zen-Übung bezeichnet werden.

Aus solcher Geisteshaltung heraus kann es dann zum „Verstehen von Herz zu Herz" kommen, auch ohne daß (nicht) verstandene Worte dabei helfen oder hindern. Mit dem ganzen Körper hören – oder lehren – lautet eine andere Zen-Empfehlung, die natürlich die entsprechend aufrechte, aufrichtige Haltung in Körper und Geist voraussetzt. Dabei kann dann jenes aktive oder beredte Schweigen eintreten, von dem einmal der japanisch sprechende Freund des deutschen Zen-Jünglings sprach, der zwar die japanische Schrift und Sprache nicht beherrschte, von dem aber gesagt wurde: „Nein, der spricht nicht japanisch – der schweigt nur japanisch!"

Ho Ho Kore Dojo, „Schritt für Schritt – das ist der Weg-Ort" von Nagaya

Kapitel 2

Bodhidharma,
der erste chinesische Patriarch des Zen

„Bodhidharma" von Seki Yuho Roshi

Sprach man in Indien, der Heimat des Buddha, von „dhyana", der Sammlung der Meditation oder Versenkung, so wurde daraus im Chinesischen das „Ch'an" oder „Tschan", woraus sich dann später das japanische „Zen" ableitete. Der es von Indien über den Grenzfluß des Jangtse-kiang nach China brachte, war Bodhidharma (japanisch: *Daruma*) – „auf einem Schilfblatt stehend", wie es die Legende will. Auch ansonsten blieb vieles von seinen Lebensdaten im Dunkel von Geschichte und Geschichten. Gesichert scheint, daß er als der 28. Patriarch direkter Geistesüberlieferung in Indien wie Buddha aus einer südindischen Königsfamilie stammte und schon im Alter von sie-

17

ben Jahren von seinem Lehrer Prajnadhara für die nächsten 40 Jahre zur Erziehung und Übung in seinen Tempel gebracht wurde.

Im Jahre 520 soll er in schon fortgeschrittenem Alter nach China gekommen sein, wo es zu der historischen Begegnung mit dem Kaiser Wu-ti von Liang (502 – 530) kam. Dieser, ein eifriger und friedliebender Buddhist, hatte von dem hohen Ruf des Ankömmlings gehört und wollte sich von dem „Fremdling, der aus dem Westen kam", gerne seine Verdienste um den Buddhismus im Lande bestätigen lassen. Als dieser keinerlei Anstalten dazu machte, fragte ihn der Kaiser unumwunden nach dem höchsten Sinn der heiligen Wahrheit. Und prompt kam es zurück: „ Große offene Weite – nichts von heilig."

Da er sich aber damit in seiner religiösen Gebildetheit nicht zufriedengeben wollte, fragte der Kaiser weiter: „Und wer ist es dann, der vor mir steht?" – woraufhin ihm die Zen-gemäß konsequente Antwort zuteil wurde: „Ich weiß es nicht, Majestät!"

Damit wird an das berühmte chinesische Gedicht erinnert:

Tritt er in den Wald,
so bewegt sich kein einziges Gras.
Taucht er in das Wasser ein,
so bildet sich nicht eine einzige Welle.
Niemand bemerkt ihn,
weil er von sich selbst keine Notiz nimmt.

Für den Kaiser Wu-ti war diese Lehre trotz all seiner weltlichen Verdienste und Gott bzw. Buddha gefälligen Regierung und Lebensweise damals wohl noch zu hoch, wirkte aber in ihm fort wie jede existentiell-wesenhafte Begegnung. So kam es, daß er erst nach dem Tode des Meisters viele Jahre später jene überlieferte Grabinschrift für ihn verfaßte:

Ach! Ich sah ihn und ich sah ihn nicht,
ich traf ihn und traf ihn doch nicht,
empfing und empfing ihn nicht.
Heute wie vor vielen Jahren
klage ich mich deshalb an!

Nach diesem ersten kurzen und erfolglosen Versuch, seine Lehre in Südchina zu verbreiten, wanderte Bodhidharma weiter nach Lo-Yang in Nordchina, wo er im Shaolin-Kloster auf dem Berg Sung-shan neun Jahre lang „der Wand gegenüber" meditierte (japanisch: *Menpeki* als ein Synonym für ZaZen). Diese Art des Sitzens in Meditation mit dem Gesicht zur Wand wird heute noch in der Richtung des Soto-Zen in Japan geübt, während die Anhänger des Rinzai-Zen mit dem Rücken zur Wand sitzen. (Boshafte Zungen haben dazu formuliert: „Soto-Zen = schlafendes Zen, Rinzai-Zen = lebendiges Zen!")

Za, „Sitzen" von Nagaya

Über die neun Jahre der Übung des Bodhidharma vor der Wand gibt es mancherlei Geschichten. So zum Beispiel die, daß er eines Tage eingeschlafen sei – was in der Zen-Übung nicht geschehen sollte und in den Klöstern Japans durch die Aufsicht mit dem Warnstab oder *Kyosaku* verhindert wird. Mit sich selbst allein, griff Bodhidharma wütend nach einer Schere und schnitt sich die Augenlider ab. Und wo diese niederfielen, wuchs sodann der erste Teestrauch: einzig erlaubtes Hilfsmittel oder *upaya* gegen die Ermüdung in der Übung der Meditation.

Durch das ständige unbewegte Sitzen in der Stille der neun Jahre schrumpften dem Bodhidharma/Daruma schließlich die Beine ab. Daran erinnern in Japan noch heute die beliebten beinlosen Daruma-Puppen, die in ihrer Eiform so gemacht sind, daß sie von selbst immer wieder in das Gleichgewicht der Senkrechten kommen: Stehauf-Männchen oder besser Sitzauf-Figuren. Jedes Kind in Japan kennt das bärtig-grimmige Gesicht des Daruma mit den langen Ohren, den buschigen Brauen und den hervorstechenden Augen, die manchmal der Gelegenheit eines Pinselpunktes zum Ausmalen harren – als Glückwunsch oder zum Dank für gutes Gelingen. Außerdem ist der urige Zen-Geselle sehr beliebt bei den Tuschpinsel-Künstlern des *Shodo* oder Tuschspuren-Weges, dem wir in Kapitel 16 noch begegnen werden.

Berühmt wurde auch die Geschichte des ersten Schülers von Bodhidharma, Hui-ko, der zehn Tage lang vergeblich im Schnee vor der Klause auf die Annahme zur Unterweisung gewartet haben soll. Als er sich schließlich zum Zeichen der Ernsthaftigkeit seiner Bemühung mit dem Schwert den linken Arm abschlug, habe sich der Meister zur Aufnahme des Schülers erweichen lassen: eindrucksvoller Beweis des „Willens zur Wirklichkeit der Wahrheit" (japanisch: *Kokorosashi),* der jeden Übenden auf dem Wege zum Erwachen bedingungslos auszeichnen muß.

Die Geschichte des Endes seiner Zeit in Shaolin und der Übergabe von Herz-Geist und Nachfolge an seinen ersten und ernsthaftesten Schüler Hui-ko (nach sechs Jahren) wird wiederum von der Legende so berichtet, daß Bodhidharma seine engsten Schüler um sich versammelte mit der Aufforderung, ihm ihr erlangtes Wissen von der Wahrheit zu zeigen.

Als erster trat der Mönch Tao-fu vor und sagte:
„Wie ich weiß, haftet die Wahrheit weder an Worten und Schriftzeichen, noch ist sie getrennt von Worten und Schriftzeichen. So wirkt sie als Weg der Erlösung."
„Du hast meine Haut erlangt", sagte der Meister.
Da trat die Nonne Tsung-tschi vor und sprach:
„Ich weiß, daß die Wahrheit ist wie ein Blick in das Paradies. Wenn man sie einmal gesehen hat, gibt es kein zweites Mal."
„Du hast mein Fleisch erlangt", sagte der Meister.
Daraufhin sprach der Mönch Tao-yin:
„Ich weiß, daß die vier Elemente nichts Greifbares sind. Ich weiß, daß die fünf Verknüpfungen kein Sein haben. Ich weiß, daß man keine Weisen des Daseins festhalten kann."
„Du hast meine Knochen erlangt", sagte der Meister.
Da trat als letzter Hui-ko vor. Stumm verneigte er sich und blieb vor dem Meister stehen. „Du hast mein Mark erlangt", sagte da Bodhidharma und bestimmte Hui-ko (488 – 593) zu seinem Nachfolger und somit zum zweiten Patriarchen des Zen in China.

Erneut spielt hier die Wortlosigkeit in der direkten Übertragung die entscheidende Rolle, wie schon im donnernden Schweigen des Vimalakirti oder in der Blumen-Predigt des Buddha. Und so kann man sagen, daß die Sprache des Zen wirklich das wahrhafte Schweigen ist. Solches Schweigen ist niemals leer oder bedeutungslos, sondern immer randvoll und Ausdruck der unsäglichen Wahrheit selbst; es kommt aus der „Fülle des Nichts", die alles in sich birgt.

Der historische Bodhidharma mag nach den neun Jahren seines überwiegend schweigenden Wirkens in China wieder im sanften Dunkel der Legende oder zurück nach Indien entschwunden sein. Sein eindrückliches Gesicht mit den buschigen Brauen und seine beinlose Gestalt jedenfalls bleiben im Hellen der Millionen glückverheißender Daruma-Puppen und -Bilder Bestandteil japanischer Gegenwartskultur.

Der dritte Patriarch in China nach Bodhidharma und Hui-ko war Sosan (529 – 608), der Verfasser des *Shin-jin-mei,* einem der Grundtexte des Zen, der mit folgenden Worten beginnt:

„Die höchste Wahrheit ist nicht schwierig
Und läßt keine Wahl zwischen Zweierlei zu.
Wenn man nicht mehr haßt oder liebt,
nicht für oder gegen ist,
dann offenbart sie sich,
weit und wolkenlos klar ..."

Unübersehbar ist hier die geistige Verwandtschaft zu Bodhidharma und seiner „großen offenen Weite" in der Antwort an den Kaiser Wu-ti auf die Frage nach der höchsten heiligen Wahrheit.

Von besonderer Bedeutung ist die Geschichte der Übergabe an Hui-neng, den sechsten Patriarchen (638 – 713), der zunächst im Kloster als Arbeiter in der Reisscheune tätig war. Beim Disput um die Nachfolge hatte der Meisterschüler Shinshu ein Gedicht verfaßt:

„Der Körper ist nichts anderes als der Bodhi-Baum,
der Geist gleicht dem klar leuchtenden Spiegel auf einem Ständer,
man soll ihn oft und fleißig putzen,
daß weder Kratzer noch Staub sich darauf festsetzen."

Doch da kam Hui-neng von der Arbeit am Reis und bat, da er selbst des Schreibens unkundig war, einen Knaben, für ihn den folgenden Vers danebenzuschreiben:

„Bodhi ist eigentlich gar kein Baum;
kein klar leuchtender Spiegel steht auf dem Ständer;
alles ist von Ursprung her vollendetes Nichts;
wo sollten sich Kratzer und Stäubchen darauf festsetzen können?"

Daraufhin wurde ihm bei Nacht und Nebel mit Gewand und Almosenschale der Buddha-Geist der Nachfolge übergeben, worauf er fünfzehn Jahre lang in der Verborgenheit unter dem Volke lebte. Trotz seiner anfänglichen Ungelehrtheit wurde er später als großer Meister anerkannt, der es unter anderem auch ablehnte, als Hofpriester in die Dienste des Kaisers zu treten.

Von seinem Schüler Yoka Daishi stammt der ebenfalls berühmte Gesang des *Shodo-ka* vom Erleben der Wahrheit, aus dem die folgenden Verse stammen:

> *„Der Mond ergießt*
> *eine Fülle des Lichts über den Strom.*
> *Leise atmen die Kiefern.*
> *Wer führt diesen heiligen Abend*
> *Der ewigen Nacht entgegen?*
> *Tief im Herzen trägt er das Siegel,*
> *die reine Perle der Buddha-Natur.*
> *Er hüllt sich, wie in Gewänder,*
> *in Nebel und Tau,*
> *in Wolken und Schleier …"*

Hier kleidet sich die Wahrheit in das Gewand der Naturmystik, die uns später im Kapitel 17 über die Kunst der Haiku-Gedichte noch ausführlicher beschäftigen wird.

Kapitel 3
Sutren, Texte und Koan-Sammlungen

Schon in den beiden vorangehenden Kapiteln war die Rede von Texten mit dem Hinweis auf die nicht weniger als 5.048 Bände buddhistischer Literatur. Sich mit solchen Texten zu beschäftigen, ist heute dem Interessierten auch in vielfältigen deutschen Übersetzungen möglich. Erwähnt seien beispielsweise die beiden Bände „Meditations-Sutras des Mahayana-Buddhismus"[3] mit den einfühlsamen Vorworten von Lama Anagarika Govinda. Dort geht er insbesondere auf den Zentralbegriff des „Prajnaparamita-Sutra" ein: *Shunyata,* der dem indischen Philosophen Nagarjuna vom Ende des 2. Jhs. n. Chr. zugeschrieben wird.

Shunyata als die „raum-, zeit- und zeichenlose Leerheit" oder Fülle des Nichts gehört als Begriff zu jenen „Texten von der transzendentalen Weisheit vom anderen Ufer", die das Floß der existentiellen Überfahrt hinter sich gelassen hat in der Verwirklichung der Wahrheit. Ein Teil aus diesem Text, das Herz-Sutra oder japanisch *Hannya-shingyo,* wird deshalb in japanischen Zen-Klöstern jeden Tag gemeinsam rezitiert, woraus sich in einer besonderen Wort- und Tonrhythmik eine eindrückliche und auch körperlich anregende Art von monotonem Gesang ergibt, unterstützt vom Klangholz des „den Ton Angebenden", der den Takt zunehmend schneller werden läßt.

HANNYASHINGYO
(Das Herz der vollkommenen Weisheit)

MA KA HAN NYA HA RA MI TA SHIN GYO

KAN JI ZAI BO SA. GYO JIN HAN NYA HA RA
MI TA JI. SHO KEN GO ON KAI KU. DO IS SAI
KU YAKU SHA RI SHI SHIKI FU I KU. KU FU I
SHIKI. SHIKI SOKU ZE KU. KU SOKU ZE SHIKI.
JU SO GYO SHIKI. YAKU BU NYO ZE. SHA RI
SHI. ZE SHO HO KU SO. FU SHO FU METSU.
FU KU FU JO. FU ZO FU GEN. ZE KO KU CHU
MU SHIKI MU JU SO GYO SHIKI. MU GEN NI
BI ZES SHIN NI. MU SHIKI SHO KO MI SOKO
HO. MU GEN KAI NAI SHI MU I SHIKI KAI. MU
MU MYO YAKU MU MU MYO YIN. NAI SHI MU
RO SHI. YAKU MU RO SHI JIN. MU KU SHU
METSU DO. MU CHI YAKU MU TOKU. I MU SHO
TO KO. BO DAI SAT TA. E HAN NYA HA RA MI
TA KO. SHIN MU KEI GE. MU KEI GE KO. MU U
KU FU. ON RI IS SAI TEN DO MU SO. KU GYO
NE HAN. SAN ZE SHO BUTSU. E HAN NYA HA
RA MI TA. KO TOKU A NOKU TA RA SAN
MYAKU SAN BO DAI. KO CHI HAN NYA HA RA
MI TA. ZE DAI JIN SHU ZE DAI MYO SHU. ZE
MU JO SHU. ZE MU TO DO SHU. NO JO IS SAI
KU SHIN JITSU FU KO. KO SETSU HAN NYA HA
RA MI TA SHU. SOKO SETSU SHU WATSU. GYA
TEI. GYA TEI. HA RA GYA EI. HA RA SO GYA
TEI. BO JI SO WA KA. HAN NYA SHIN GYO.

Das Herz-Sutra

In der deutschen Übersetzung lautet das Herz-Sutra oder *Maha-Prajnaparamita-Hrdaya-Sutra*:

Bodhisattva Avalokiteshvara,
in der Übung der tiefen transzendenten Weisheit,
erkannte, daß alle fünf Skandas leer sind
und überwand so alles Leiden.

Shariputra, Form ist nichts anderes als Leere,
Leere nichts anderes als Form
Form ist wirklich Leere,
Leere wirklich Form.

Das Gleiche gilt für Empfindung, Wahrnehmung,
Wollen und unterscheidendes Denken.
Shariputra, die Formen aller Dinge sind leer,
sie entstehen nicht und vergehen nicht.
Sie sind nicht rein und nicht unrein,
nehmen nicht zu und nicht ab.
Daher ist in der Leere keine Form.
Weder Empfindung, Wahrnehmung, Wollen oder unterscheidendes
Denken,
weder Auge, Ohr, Nase, Zunge oder Körper,
weder Farbe, Ton, Duft oder Geschmack,
weder Berührbares noch Vorstellung,
weder ein Bereich der Sinnesorgane noch ein Bereich des Denkens,
weder Unwissenheit noch Ende von Unwissenheit.

Und so gibt es weder Alter noch Tod,
noch ein Ende von Alter und Tod,
weder Leiden noch Entstehen von Leiden,
kein Anhäufen, Vernichten, keinen Weg,
weder Erkennen noch Erreichen,
weil es nichts zu erreichen gibt.
Ein Bodhisattva lebt aus dieser Weisheit,
ohne Hindernis im Geiste,
ohne Hindernis und daher ohne Furcht.
Jenseits aller Illusionen ist endlich Nirvana.
Alle Erwachten der Vergangenheit
leben aus dieser transzendenten Weisheit,
erreichen die höchste Erleuchtung,
vollkommen und unübertroffen.

Wisse daher, daß die transzendente Weisheit
das große, heilige Mantra ist,
das große, strahlende Mantra,
das unübertroffene Mantra,
das unvergleichliche Mantra,
das alle Leiden nimmt.

27

Das ist wahr und ohne Fehl.
Das ist das Mantra, verkündet in der transzendenten Weisheit.
Es lautet:
GATE GATE PARAGATE
PARASAMGATE BODHI SWAHA.
(Gegangen, gegangen, gegangen ans andere Ufer,
angekommen am anderen Ufer)

Daß die Wahrheit jenseits aller Worte – am anderen Ufer – liegt, hörten wir schon im *Lankavatara-Sutra.* Auch Nagarjuna sagt, daß Shunyata im letzten Sinne nicht mitteilbar sei, sondern daß jeder die Wahrheit in sich selbst verwirklichen müsse – daß diese unaussprechbar und nicht durch Begriffe oder gedankliche Konstruktionen erfaßbar und frei von verschiedenartigen Bedeutungen sei. Er betont auch, daß Shunyata weder Nihilismus noch Nicht-Existenz bedeute, sondern den wahren Sinn der tieferen, der übergegensätzlichen Wirklichkeit.

Diese Lehre von der Leere als der Fülle allen Seins verlangt nach der ganz individuellen und situationsbedingten Verwirklichung der Wahrheit im unmittelbaren, spontan-intuitiven Erleben der übergegensätzlichen „Soheit des Seins" *(tathata),* wo die polare Gegensätzlichkeit unserer Begriffswelt ihren Sinn verliert. In diesem Erlebnis einer tieferen Wirklichkeit wird das Relative nicht zugunsten eines Absoluten verleugnet oder die Vielheit einer abstrakten Einheit geopfert, sondern das Individuelle und das Universelle durchdringen und bedingen einander so völlig, daß im Rahmen jeder in allem Individuellen zugleich verborgenen, allumfassenden Ganzheit das eine nicht ohne das andere gedacht werden kann.

Mit einem klassischen Zen-Wort, das die Meister der Tuschspur immer wieder gerne schreiben, heißt das: „Die Wahrheit ist des Himmels Weg, ihn zu verwirklichen, ist des Menschen Weg."

Der Zen-Mensch weiß, daß alle logischen und philosophischen Lösungen und Definitionen begrenzt und einseitig sind, während die Wirklichkeit jenseits der sich widersprechenden oder sich einander ausschließenden Gegensatzpaare ruht – daß die Wahrheit jenseits aller Worte liegt.

Er bedient sich darum des Denkens, Sprechens und Schreibens nur als eines Mittels, um sich des Undenkbaren und Unsagbaren bewußt zu werden – um sich über den problematischen Charakter der Welt und das Mysterium seines eigenen Daseins klarzuwerden. Der Weg dazu führt durch die gegenstandslose Meditation des ZaZen, aus der heraus die Welt und ihre Dinge unmittelbar und ohne jede gedankliche Zuordnung wahrgenommen werden, als erblicke man sie zum ersten Mal.

Mit den Worten eines der großen lebenden Zen-Meister und Professors, Hirata Roshi vom Tenryu-ji in Kyoto, aus einem persönlichen Vortrag: „Sprache oder Worte sind in dem Sinne nützlich, daß man mit ihrer Hilfe den Zustand des Haftens an ihnen beenden kann. Wenn man jedoch mittels der Sprache oder der Worte die Wahrheit direkt ausdrücken will, sind sie nicht zu benutzen. Aus dieser unnützen Sprache heraus sind die zahllosen Philosophien und Werke der Literatur im Buddhismus gewachsen."

Hirata Roshi, Tenryu-ji

29

Aus diesem selbstkritischen verbalen Augenzwinkern eines Eingeweihten gewinnt auch die folgende Beschäftigung mit einigen weiteren Texten ihre Berechtigung. Da die Praxis des Zen in der Rinzai-
Schule in Japan noch heute maßgeblich durch das Koan-Studium
unterstützt wird, soll hier auf einige klassische Texte und Sammlungen in dieser Tradition hingewiesen werden.

In erster Linie gilt dies für die wohl berühmteste und umfangreichste
„Niederschrift von der smaragdenen Felswand", *Bi-Yän-Lu* (japanisch:
Hekiganroku) des Meisters Yüan-wu, die erstmals um 1300 in China
in gedruckter Form erschien. Die deutsche Fassung dieses Werkes in
drei Bänden ist dem großen Sinologen Wilhelm Gundert zu verdanken, der daran bis zu seinem Tode am 3. August 1971, als er 92jährig
verstarb, gearbeitet hatte. Der dritte Band dieser Niederschrift (mit
den Kapiteln 51 bis 68) konnte so schließlich erst 1973 aus dem Nach-
laß veröffentlicht werden, womit dieses Monumentalwerk in seiner
Gesamtheit für alle Interessierten und zur Belehrung und Verwirrung
weiterer Generationen von Zen-Schülern zur Verfügung steht.[4]

Dies gilt ferner für die wohl bekannteste Sammlung der 48 Koans
von Meister Wu-men, japanisch Mumon, aus dem 13. Jh. in China,
unter dem Titel „Schranke ohne Tor" oder „Torlose Schranke" bzw.
„Gateless Gate" auch im Westen weitverbreitet, zuletzt durch Yamada
Koun (1908 – 1990).[5]

Zur Bekanntheit des *Mumonkan* hat vor allem aber Zenkei
Shibayama Roshi beigetragen, Chef-Abt des Nanzenji in Kyoto (1948 –
1967) und der angeschlossenen etwa 500 Rinzai-Zen-Tempel von 1959
bis zu seinem Tod 1974 mit 80 Jahren. Zuvor war der angesehene
Meister und Gelehrte acht Jahre lang Professor an den Universitäten
Otani und Hanazono, wo auch Daisetz T. Suzuki und Hoseki Shinichi
Hisamatsu lehrten und seit 1998 der japanische Amerikaner Jeff Shore
den begehrten Lehrstuhl für das internationale Zen übernommen hat.

Unter dem Titel „Zu den Quellen des Zen"[6] wurde der umfangreiche Kommentar Shibayamas zum *Mumonkan* zu einem Standardwerk
neuerer Zen-Literatur. Namen und Entstehung verdankt das *Mumonkan*
ursprünglich den Unterweisungen des Abtes Wu-men Hui-kai im chinesischen Zen-Kloster Gokoku Ninahoji für den begabten japanischen

Fukushima Roshi und Jeff Shore, 2001

Mönch Shinji Kakushin (1207 – 1298), der bei ihm Einsicht und Einweihung suchte und erlangte. Schon die erste Begegnung ergab den
Titel für das spätere Werk, als nämlich der Meister den Ankömmling
im Kloster fragte: „Von wo bist du hereingekommen, um bei mir einzutreten, wo kein Tor da ist?" und Kakushin antwortete: „Vom Nicht-
Tor *(mu-mon)* oder torlosen Tor bin ich hereingekommen."

Wo es keinen Weg und kein Tor gibt, wo soll man da hindurchge-
hen? Aus Mitleid für seine Schüler und um ihnen bei dieser scheinbar
unlösbaren Aufgabe zu helfen, hat Mumon die „Torlose Schranke"
verfaßt:

> *„Der große WEG ist ohne Tor.*
> *Tausend verschiedene Straßen gibt es.*
> *Wer einmal diese Schranke durchschritt,*
> *spaziert in Freiheit im Weltall umher."*

Shinji Kakushin war mit 29 Jahren im Todaiji-Tempel zum Mönch
ordiniert worden. Später ging er zu Dogen-Zenji, dem Begründer des

Soto-Zen in Japan, von dem im nächsten Kapitel noch die Rede sein wird, um von ihm die Bodhisattva-Gelübde zu empfangen. Obwohl Kakushin niemals in einem direkten Meister/Schüler-Verhältnis stand, zeigt doch schon die Tatsache der Übernahme dieser Gebote, daß zwischen ihnen eine besondere geistige Verwandtschaft bestand. Nach Japan zurückgekehrt, gründete Kakushin das Zen-Kloster Saihoji (später Kokokuji) und erlangte auch als Berater der Kaiser Kameyama (1260 – 74) und Go-Uda (1275 – 87) hohe Ehren, einschließlich des Titels *Hoto Zenji* (Zen-Meister der Dharma-Leuchte) als Nationallehrer der Rinzai-Schule.

Im Alter von etwa 80 Jahren und auf der Höhe seines Ansehens bekam Shinji Kakushin Besuch von Keizan Zenji (1267 – 1325), der damals noch keine 20 Jahre alt war und gerade von seinem Meister die Erlaubnis bekommen hatte, als Teil seiner eigenen Ausbildung eine Pilgerreise zu anderen Meistern anzutreten. Keizan Zenji wurde dann – neben Dogen Zenji – zum Mitbegründer des Soto-Zen und gründete das Sojiji-Kloster, eines der beiden Hauptklöster der japanischen Soto-Schule. Auf diese Weise entstand in früher Zeit eine wichtige Begegnung zwischen den beiden großen Lehrrichtungen der Soto- und Rinzai-Schulen in Japan, wie sie sich dann im 20. Jh. durch Harada Daiun Sogaku Roshi und Yasutani Hakuun Roshi und in deren Nachfolge durch die Sanbo Kyodan Zen-Vereinigung mit Yamada Koun Roshi in Kamakura vergegenwärtigt sieht.

Weniger bekannt, aber ebenfalls sehr eindrücklich und unverwechselbar sind die hundert Zen-Koans der „Eisernen Flöte" *(Tetteki Tosui)* von Genro, einem Zen-Meister der japanischen Soto-Schule, aus dem Jahre 1783, erweitert und durchlöchert und mit schelmischen und bissigen Anmerkungen versehen von seinem Schüler Fugai. 200 Jahre später setzte der 1958 gestorbene Mönch Nyogen Senzuki die Kommentierung der Koans fort, deren feinsinniger Wert in der Verdeutlichung altchinesischer Kultur der Tang-Dynastie (620 – 906) und der Sung-Dynastie (930 – 1278), dem goldenen Zeitalter des Zen in China, liegt[7].

Tetteki bedeutet wörtlich die „Eiserne Flöte". Während eine Flöte gewöhnlich aus einem Bambusrohr mit Mundstück und seitlichen

Löchern für die Finger besteht, ist dieser eiserne Stab ohne Löcher und ohne Mundstück nur eine Metapher. Mit *Tosui* ist gemeint, daß etwas umgekehrt geblasen wird, woraus dann die „eiserne Flöte ohne Mundstück verkehrt herum geblasen" wird. Aber wer es als Zen-Mensch versteht, die saitenlose Harfe zu spielen, der kann wohl auch die Flöte ohne Mundstück blasen – verkehrt herum, versteht sich! Von Hsüeh-Tou (980 – 1052), einem chinesischen Zen-Meister, lesen wir dazu:

> *„Der Mond schwebt über den Kiefern,*
> *und die nächtliche Veranda ist kalt.*
> *Da klingt von deinen Fingerspitzen*
> *der alte klare Ton.*
> *Die alte Melodie rührt meist zu Tränen,*
> *doch Zen-Musik geht über das Gefühl hinaus.*
> *Spiele nicht mehr, bis der Große Ton*
> *von Lao-tse dich begleitet. "*

Bei Lao-tse heißt es: „Große Werkzeuge brauchen viel Zeit zur Herstellung. Große Charaktere werden nie in ein paar Jahren geformt. Großer Ton ist der Ton, der den gewöhnlichen Ton übertrifft." Dieser Ton ist auch der „Ton der einen Hand", den wir im nächsten Kapitel als das Grund-Koan von Hakuin kennenlernen werden. Und so ist denn die Eiserne Flöte gleichsam ein Buch vom „Ton der einen Hand", dessen Klang als ein Grundtext des Zen mit dem tonlosen Ton Zeiten und Zeichen durchlöchert und durchtönt.

Bliebe noch der Versuch einer Erklärung, was ein Koan ist – über die Vorbemerkung der Nuß im zahnlosen Mund hinausgehend. Hier könnte sich die Geschichte von der glühenden Kugel im Hals des Schülers aufdrängen, die weder verschlungen noch ausgespuckt werden kann. Es soll hier aber nicht weiter über die „Koan-Lösungs-Olympiaden" gewisser Schulen mit 400, 600 oder 700 Versuchen berichtet werden, denen die Meinung gegenübersteht, daß man mit der Auflösung eines einzigen Koan ein ganzes Leben zubringen könne. Auch wird gesagt, daß wir uns nicht von den verschimmelten Koans alter Schriften ernähren können, wo doch das Leben selbst uns immer wieder neu die existentiellen Koans stellt, zu deren Lösung wir aufgerufen sind. So formulierte beispielsweise Professor Nagaya während eines Sesshin: „Was ist Leben, was ist Liebe, was ist Gott? – Das ist ein Koan!"

Was ein Koan *nicht* ist, hören wir jedenfalls von Ruth Fuller-Sasaki, seinerzeit in New York selbst mit einem japanischen Zen-Meister verheiratet: „Das Koan ist kein Scherzrätsel, das mit behendem Witz gelöst werden muß, auch keine psychiatrische Erfindung, noch ist es lediglich eine paradoxe Aussage – es sei denn für die, die es nur von außen ansehen."

Man muß sich also von anderswoher, von innen her, einlassen auf die scheinbar oder auch offensichtlich paradox formulierte Problematik einer in sich widersprüchlichen Frage, Aussage oder Geschichte, um darin die eigene existentielle Widersprüchlichkeit zu erkennen und aufzulösen. Geschehen kann dies nur durch die Integration, durch die Einverleibung in der Gelebtheit mit sich selbst. Man muß, wie es heißt, mit dem Koan eins werden, eins sein – wozu man es zunächst unablässig in sich bewegen muß, bis es schließlich dazu verhelfen mag, das Fenster zur Selbst-Wesensschau von Kensho zu öffnen. Auch wo dies nur für einen Spalt und für kurze Zeit geschieht, verändert sich spürbar etwas in der Schau und Sichtweise des Betreffenden.

Daß dies im Zen ganz unabhängig von sonstigen Glaubensinhalten oder religiösem „Anhaften" geschehen kann, verbürgt die Geschichte aus dem Dokusan[8] von Niklaus Brantschen S. J. Go-Un-Ken aus dem Lassalle-Haus in der Schweiz mit seinem Lehrer Yamada Koun Roshi in Kamakura. Dieser hatte ihm erklärt: „Wie Sie mit Ihrem Koan eins werden können, dazu kann ich Ihnen helfen. Wie Sie mit Jesus Christus eins werden können, dazu müssen Sie selbst sehen!"

Auch hier also die Andeutung der Lösung im „Einswerden", im Wie-Eins-Sein *(ichi nyo)* der Nicht-Zweiheit von *advaita*. Dazu bedarf es der uneingeschränkten und vorbehaltlosen eigenen Anstrengung, die das Paradoxe an jeder Lebenssituation begreift, aushält und in das eigene Sosein einbezieht. Es hängt an der Weise zu hören, in einem Hören, das mit dem ganzen Körper wahrnimmt – ob in der Stille des Alleinseins oder auch mitten im Lärm der Welt, der die lautlose Stimme des Seins zu übertönen scheint.

An anderer Stelle werden Koans als Ziegelsteine beschrieben, die das Tor zur Wirklichkeit einschlagen und die Mauer des dualistisch verblendeten Intellekts einreißen sollen. Sicher ist, daß es dazu kaum im einsamen Lesen oder Üben kommen kann, sondern der Anleitung durch einen geübten Meister bedarf, mit dem man im ständigen Kontakt ist. Daß seine Fragen wie Ziegelsteine über den Schüler hereinbrechen können, deren man sich durch kein gedankliches Ducken erwehren kann, wird oft geschildert. Doch da es hier im Westen an dazu befähigten und autorisierten Zen-Meistern oder Roshis mangelt, bleibt die Koan-Methode mit einem großen Fragezeichen versehen und soll hier mehr der Vollständigkeit halber zum Verständnis des Zen-Weges und seiner Texte angeführt sein.

Mu, „Nichts" von Nagaya

Erlaubt sei schließlich noch eine ketzerische Frage oder In-Frage-Stellung zum ersten Koan der Sammlung der Torlosen Schranke des *Mumonkan*. Als einst im alten China der Meister Chao-Chou (Joshu) von einem Mönch gefragt wurde, ob auch ein Hündchen die Buddha-Natur habe, war seine Antwort „Wu!" (japanisch „Mu" = Nichts), wie es oft von Zen-Meistern mit dem Tuschpinsel geschrieben wurde.

Angesichts der Heerscharen von Zen-Schülern, die mit dem Grund- oder Ur-Koan MU geübt und vielleicht auch hie und da einen Schimmer von Erleuchtung erhascht haben, mag es respektlos oder fast anstößig erscheinen, die Antwort des Meisters in ihrer sinnlichen Stimmlichkeit ganz einfach auf die Natur des Hundes zurückzuführen, nach der er gefragt worden war. „Wu" war die Antwort anstelle des Hundes, und mit „Wu" oder „WuWu" pflegt man auch bei uns einen Hund – etwa im Umgang mit Kindern – stimmlich zu imitieren. Könnte es nicht sein, daß auch Chao-Chou dies in seiner „Hundenatur gemäßen" Antwort einfach so gemeint hat? Denn: „Berg-Fluß-Gras-Baum, alle Dinge haben Buddha-Natur", heißt es in einem anderen klassischen Zen-Spruch – und dies gilt im Sinne der Evolution natürlich erst recht für Tier und Mensch.

Dies mag nur ein unzulässiger Versuch einer direkten Erklärung sein, der keinem jemals gelösten MU eine Spur von Erleuchtung oder Enthüllung wegnehmen soll – ob anerkannt oder unerkannt, vielleicht nur nicht erkannt oder noch ungelöst.

„Berg-Fluß-Gras-Baum, alle Dinge haben Buddha-Natur" von Nagaya

Dogen und Hakuin, Gründer und Erneuerer der Zen-Lehre in Japan

Zen-Meister Dogen (1200 – 1253) ist eine überragende Gestalt im japanischen Buddhismus, in Leben und Wirkung, Lehre und Werk. Von adeliger Herkunft, verlor er früh beide Eltern, 2jährig den Vater, 7jährig die Mutter. Sie soll in ihm den Wunsch nach Eintritt in den Mönchsstand geweckt haben, den der 12jährige dann verwirklichte, und bei der Totenwache neben ihr habe sich ihm beim Herabfallen der Asche vom Räucherstäbchen das Koan gebildet: Was bin ich?

Wichtigste Eindrücke gewann er bei strenger Zen-Übung in China (1223 – 27), wo ihm die Erleuchtung widerfuhr, als der Meister Nyojo den neben ihm in der Übung vom Schlaf übermannten Mönch mit den Worten aufrüttelte: „Beim ZaZen sind Körper und Geist ausgefallen!"

Nach Japan zurückgekehrt „mit leeren Händen", wie er im *Eihei Koroku* selbst schrieb, lebte er an verschiedenen Orten und begründete 1245 mit dem Eiheiji (was soviel bedeutet wie „Ewiger Friede") den Haupttempel des Soto-Zen, der dies bis heute geblieben ist. Durch verschiedene Angebote, in kaiserliche Dienste zu treten, ließ er sich nicht verlocken. Ja, es wird berichtet, er habe den Mönch mit dem fürstlichen Angebot davongejagt und an der Stelle, wo er stand, die Erde sieben Fuß tief ausgegraben, um seine Tempelstätte nur ja nicht durch Gedanken an weltliches Glück entweihen zu lassen!

Soto ist – neben Rinzai – eine der beiden heute noch in Japan hauptsächlich geübten Richtungen des Zen. Im Gefolge Dogens charakterisiert es sich durch die Betonung des reinen ZaZen *(Shikantaza)*, also der Übung im Meditationssitz, ohne Koan-Studium oder andere Hilfen. Die Jünger des Soto-Zen sitzen deshalb in den Tempeln und

Dojos mit dem Gesicht zur Wand – wie es von Bodhidharma berichtet wurde. Dabei soll auch die leiseste Versuchung der Außenwelt ausgeschaltet werden, ganz nach dem Hinweis Dogens, wie man ZaZen zu üben habe:

> *„Nichts erhoffen, nichts befürchten,*
> *nichts erwarten, nichts erwägen,*
> *nur sitzen um des Sitzens willen. "*

Damit wird zugleich gewarnt vor übertriebenen Erwartungen etwa in bezug auf Kensho oder Satori, Wesensschau oder Erleuchtung. Selbstloses, absichtsloses ZaZen, getragen von aufrichtigem Bemühen und tiefem sittlichem Ernst – das ist der einfache und doch so schwierige Weg der Empfehlung Dogens.

> *„Den Buddha-Weg erfahren bedeutet,*
> *sich selbst erfahren. Sich selbst erfahren heißt,*
> *sich selber vergessen.*
> *Sich selber vergessen heißt,*
> *von allen Dingen erleuchtet werden" –*

so lesen wir unter der Überschrift über die Verwirklichung der Erleuchtung *(Genjokoan)* im ersten Kapitel des *Shobogenzo,* der von Dogen Zenji hinterlassenen „Schatzkammer der Erkenntnis des wahren Dharma".

Es handelt sich dabei um die Niederschrift von Dogens bedeutendsten Reden und Aufsätzen, die sein Schüler Ejo (1198 – 1280) angefertigt hat und die inzwischen in zwei Bänden auch in deutscher Sprache[9] vorliegen. Ohne so genannt zu werden, haben die Texte des *Shobogenzo* ausgesprochenen Koan-Charakter, wie jeder bemerken wird, der sich in ihr Studium vertieft. Sie bergen einen großen Reichtum – eine „Schatzkammer" – nicht nur der Erkenntnis und Erleuchtung, sondern auch der Metaphysik und Philosophie, für die sie in der einzigen originalen Schule Japans, der sogenannten „Kyoto-Schule", die von Kitaro Nishida im 20. Jh. begründet wurde, grundlegend war.

Auch wenn von Dogen selbst die absolute Priorität des ZaZen bei jeder Gelegenheit betont wird, so ist doch auch sein Denken für Japan und das Zen sehr befruchtend. Das Kapitel „Uji" (Sein-Zeit) im *Shobogenzo* allein könnte Gegenstand einer philosophischen Dissertation unter Einbeziehung von Heideggers Hauptwerk sein, die sich bei Dogen vor allem dem Bindestrich bei Sein-Zeit widmen müßte, der eben etwas ganz anderes ist als das „und" in Heideggers Titel (Sein und Zeit). Sein ist Zeit, Zeit ist Sein, es geht nicht um Zeitlosigkeit oder Überzeitliches in der Zeit, vielmehr „schließt jeder Moment die ganze Welt ein – ist jedes lebende Ding untrennbar von der Zeit. Frei von Vergangenheit, Gegenwart und Zukunft schließt Zeit jedes Wesen und alle Welten ein".

Yoshiko Oshima, Philosophin, Zen-Lehrerin und Heidegger-Schülerin, hat dies in ihrem ersten Buch über Zen und Heidegger[10] beschrieben und in einem Seminar in Freiburg 1998 ebenso wie in einem Symposium in Berlin im Oktober 1999 persönlich bestätigt:

„Wie wäre es, wenn man das ‚und' von ‚Sein und Zeit' Heideggers abschneiden würde, so wie der Zen-Meister und Denker Dogen den 20. Band des *Shobogenzo* nur mit dem Titel ‚Sein-Zeit' versehen hat, dann würde das ganze Werk Heideggers in einem Augenblick zertrümmert. Denn alle Gedankengebäude und alle Gedankensysteme gehen implizit von diesem Ort ‚und' aus und kommen dahin zurück."

Bei dem Symposium in Berlin geht Frau Oshima in Übereinstimmung mit ihrem Thema zwar einen „Schritt zurück? über Geist und Materie aus der Sicht von Heidegger und Zen", aber sie geht auch einen gewaltigen Schritt weiter, wenn sie sagt: „Zen vollzieht mit Heidegger gleichsam einen Schritt (zurück) von der und vor die metaphysisch vorstellend-vorgestellte Vergegenständlichung und Vorhandenheitssetzung, geht aber wohl an der verworrenen Wortbildung Heideggers stillschweigend vorbei." Sie selbst ist offenbar in ihrem zweiten Buch in „Nähe und Ferne – mit Heidegger unterwegs zum Zen"[11] weiterhin auch als Denkerin und Zen-Frau, noch mehr vielleicht mit Dogen als mit Heidegger auf diesem eigenen Weg zwischen Hier und Jetzt in Denken, Sprache und Sein.

Neben dem 10. Kapitel aus dem *Shobogenzo* („Zazengi") gibt es von Dogen den Text „Za-Zen-Ho", der aus seinem Werk *Bendho-ho* stammt und eigens der Praxis des Zazen gewidmet ist[12]:

„Wenn du in Meditation sitzt, benutze ein Kissen. Sitze in voller Verschränkung. Dazu lege erst deinen rechten Fuß auf deinen linken Oberschenkel, lege dann deinen linken Fuß auf deinen rechten Oberschenkel. Du kannst aber auch in halber Verschränkung sitzen: ruhe einfach mit deinem linken Fuß auf deinem rechten Fuß. Lege dann deinen rechten Handrücken auf deinen linken Fuß und deinen linken Handrücken in deine rechte Handfläche, beide Daumenspitzen einander berührend. Strecke deinen Körper und sitze aufrecht: richte deinen Scheitel und dein Rückgrat so aus, daß du aufrecht und gerade bist. Lehne nicht nach links oder rechts, nicht vorwärts oder rückwärts. Deine Ohren sollten im Lot mit deinen Schultern und deine Nase im Lot mit deinem Nabel sein. Hefte deine Zunge vorn an deinen oberen Gaumen und schließe deine Lippen und Zähne. Die Augen sollten richtig offen sein, weder zu weit noch zu eng. Laß deine Augenlider nicht über deine Pupillen fallen und deinen Nacken nicht die Linie mit deinem Rücken verlieren. Laß deinen Atem durch deine Nase gehen, schnapp nicht nach Luft und atme ruhig, weder zu lang noch zu kurz, weder zu schwach noch zu kräftig. Körper und Geist so geordnet, richte deinen Oberkörper auf und atme einige Male voll aus. Entspanne innen und außen. Schwinge nach links und rechts sieben- oder achtmal. Wie denkst du Nicht-denken? Nicht-denkend. Dies ist die wahre Kunst des Zazen. Wenn du vom Sitzen aufstehst, stehe langsam auf."

Und zum Schluß, bevor wir gemeinsam, gesammelt und langsam aufstehen aus der Übung des ZaZen mit Dogen, sei noch – auch im Vorgriff auf das spätere Kapitel zur Kunst der Haiku – sein Todesvers vom 28. August 1253 angefügt:

> *„Der Morgensonne harrt der Tau*
> *auf Blatt und Gras*
> *und schmilzt dahin.*
> *Ach, wehe doch nicht so eilig,*
> *Herbstwind über der Heide!"*

Neben Dogen ist Hakuin (1686 – 1768) der bedeutendste japanische Zen-Meister in neuerer Zeit. Als 19. Patriarch der Rinzai-Richtung in Japan gilt er als deren großer Erneuerer, mit dessen Namen die Systematisierung des Koan-Studiums verbunden ist. In Ergänzung der überkommenen Koan-Sammlungen, die er vielfach verwandte und kommentierte, erfand Hakuin selbst eine beträchtliche Anzahl von Koans, darunter das bereits erwähnte vom „Ton der einen Hand", das mittlerweile zu einem beliebten Grund-Koan der Zen-Übung wurde. Nachdem er hörbar laut in die Hände geklatscht hatte, hob Hakuin eine Hand und fragte: „Was ist der Ton der einen Hand?" Ohne hier weiter auf die Frage nach dem Für und Wider des Koan-Sinnes oder -Unsinnes im Zen einzugehen, die zumindest für die Praxis außerhalb Japans noch nicht endgültig beantwortet sein dürfte, bleibt festzuhalten, daß der Übungsweg mit den Stolpersteinen in Form der logisch nicht auflösbaren Fragen nach dem Sinn des Widersinns für das Rinzai-Zen in Japan selbst nach wie vor typisch ist.

Im äußeren Leben war der Knabe Iwajiro Hakuin als jüngstes von fünf Kindern nicht verwöhnt. Von eher schwächlicher Gesundheit, aber großer geistiger Begabung und religiöser Empfänglichkeit, bekam er ähnlich wie Dogen starke Eindrücke von der frommen Mutter. Schon dem Fünfjährigen soll sich im Anblick der dahinziehenden Wolken die Vergänglichkeit alles Irdischen zur Trauer seiner Seele aufgedrängt haben. Mit 15 Jahren zum Mönch mit Namen Ekaku geweiht, trieb ihn mit 19 Jahren der große Zweifel innerer Not in die Wende äußerer Wanderschaft. Im Alter von 23 Jahren kam er in der Einsiedelei Shojuan zu „seinem" Lehrer Etan, der ihn in eine harte Schule nahm.

Von Hakuins anfänglichen Erleuchtungserlebnissen unbeeindruckt, zog er ihn an der Nase, prügelte ihn und warf ihn schließlich von der Veranda hinunter, wo er sich mit letzter Kraft aus dem Schlamm erhob – um beim anschließenden Bettelgang erneut von Passanten Prügel zu beziehen. Diesmal aber halfen ihm die Schläge, die Trennwand zu seinem wahren Wesen niederzureißen, und er durchschaute und durchdrang sich selbst und die zuvor unlösbar erscheinende Koan-Aufgabe bis auf den Grund in der vollen Klarheit der Erleuchtung, die ihm nun auch friedvoll der Lehrer zuerkannte. Nachdem er ihn zuvor nur spöttisch das „armselige Teufelskind in der dunklen Höhle" tituliert hatte, nannte er Hakuin nun bei seinem Namen und strich ihm liebevoll mit dem Fächer über den Rücken.

Die Einzelheiten dieser Vorgänge sind deshalb so gut bekannt, weil Hakuin selbst sie getreulich in seiner Autobiographie aufgeschrieben hat. Aus seinem Bericht wird auch deutlich, daß es in der für das Zen so vitalen Frage der Erleuchtung zwar keine unterschiedlichen Auffassungen, aber doch feststellbar unterschiedliche Stufen und Grade der Ausprägung gibt, was ein konsequentes Fortsetzen der Übung auch nach dem sogenannten Initialerlebnis einer ersten Wesensschau unbedingt erforderlich macht. Dabei verlangt ernsthafte Übung nach nicht weniger als dem Aufgeben allen Haftens an Leidenschaften und Wunschvorstellungen – einschließlich des Wunsches nach der Erleuchtung selbst, die man nur absichtslos erreichen kann.

Unwillkürlich drängt sich dazu ein Vers von Angelus Silesius, dem großen christlichen Mystiker, auf:

> „Die Ros' ist ohn' Warum;
> sie blühet, weil sie blühet,
> sie acht't nicht ihrer selbst,
> fragt nicht, ob man sie siehet."

Daß lässiges Betreiben der Übung auch nach 10 oder 20 Jahren nicht zum Ziel führt und man auf etwas Schmerz beim ernsthaften ZaZen gefaßt sein muß – körperlich und geistig -, das stellt Hakuin immer wieder unnachgiebig klar. So gütig, tolerant und liebevoll er selbst, der Anspruchslose, mit anderen Menschen und Lehrmeinungen auch umgehen mag: In der Übung gibt es kein Pardon und keinen Kompromiß. Alles kommt auf die Realisierung der Einheit im Erlebnis an – und die erfordert den vollen Einsatz der ganzen Person. Dafür sind aber keine besonderen äußeren Bedingungen erforderlich: „Um den Zustand des großen Zweifels herbeizuführen (der unweigerlich dem großen Erlebnis der Erleuchtung vorausgeht), braucht man keinen stillen Ort aufzusuchen, noch muß man die Plätze des tätigen Lebens meiden ..." Die

Stille entsteht innen, oder sie entsteht gar nicht, und jeder Augenblick, auch inmitten lärmender beruflicher Tätigkeit, kann dazu die beste aller Gelegenheiten sein, wenn sie nur mit dem Umkehrschub des Bewußtseins zur inneren Mitte hin begleitet und nutzbar gemacht wird.

Wie man sich dieses Unvorstellbare dennoch im dichterischen Bild vorstellen könnte, davon erklingt Hakuins sogenannter Chorgesang, auch „Hymnus der Erleuchtung" genannt, der am Ende dieses Kapitel wiedergegeben ist. In der japanischen Originalfassung wird dieser „Gesang" noch heute häufig rezitiert, und mit ihm beschloß beispielsweise auch Professor Nagaya jeden Tag der von ihm jahrelang in Deutschland und Österreich geleiteten Zen-Sesshin.

Hakuin hat mit seinem Leben und Lehren, das immer auf die praktische Übung gerichtet war, das Zen in Japan zu beträchtlicher Volkstümlichkeit geführt. Die Geschichten von ihm und um ihn füllen Bände und sprechen eine kräftige Sprache. Nie hat der große Meister, dem im hohen Alter bis zu 700 Schüler lauschten, seine bäuerliche Abstammung aus dem einfachen Dorf Hara in der Provinz Suruga geleugnet. Wenn man weiß, wie wichtig gerade der *Hara* („Bauch") als die „Erdmitte des Menschen" (Dürckheim) für die Übung und Haltung des ZaZen ist, dann erscheint dieser Geburtsort fast als ein karmischer Hinweis für die Bestimmung des Zen-Meisters Hakuin. Mit seiner Nähe zu den einfachen Menschen löst Hakuin das Zen aus der Verwurzelung im Ritterstand der Samurai und dem Vorwurf des Elitären, der gelegentlich zu hören ist. Kein besonderer Ort ist nötig zur Übung, mit der jeder jederzeit selbst und nur bei sich selbst beginnen kann und muß, wenn er dem Vorbild des Meisters folgen will – jetzt und hier, im Sitzen, Liegen, Stehen, Gehen – bei jeder Tätigkeit ist Zen-Haltung möglich. Mit den Worten von Hakuin selbst, zitiert in dem Buch von Kazuaki Tanahashi[13]:

„Mitten im aktiven Leben nach Erleuchtung zu trachten ist hundert-, tausend- oder hundertmillionenmal besser als in der Stille."

Erwähnt sei schließlich noch eine charakteristische Episode aus dem Leben Hakuins, den einst ein Samurai besuchte mit der Frage:

„Gibt es wirklich einen Himmel und eine Hölle?"

„Wer bist du?" fragte der Meister.

„Ein Samurai, ein Soldat der kaiserlichen Garde", antwortete stolz der Krieger.

„Das glaube ich nicht", meinte darauf Hakuin, „dafür siehst du mir viel zu jämmerlich aus. So einen wie dich stellt der Kaiser nicht ein in seine Garde!"

Aufbrausend griff der Krieger zum Schwert, doch Hakuin blieb ganz ruhig und sagte nur: „Na los! Wirst du es wirklich schaffen, mir den Kopf abzuschlagen?"

Der Samurai aber konnte sich nicht mehr zurückhalten und stürzte mit gezogenem Schwert auf den Meister zu. Dieser lächelte ihm nur entgegen und sagte: „Jetzt kennst du die erste Hälfte der Antwort; eben hast du die Tore der Hölle geöffnet."

Wie vom Blitz gerührt blieb da der Krieger stehen. Dann steckte er sein Schwert zurück in die Scheide und verneigte sich tief vor Hakuin. „Jetzt kennst du auch die zweite Hälfte der Antwort", sagte darauf der Meister, „eben hast du die Tore des Himmels geöffnet!"

Chorgesang des „Zen-Lehrers" Hakuin[14]

Die Menschen sind in ihrem tiefsten Wesen Buddha,
Wie Wasser Eis ist. Und wie es kein Eis gibt
Ohne Wasser, so gibt es ohne Buddha
Nicht einen Menschen.
Weh den Menschen, die in weiter Ferne suchen
Und, was nahe liegt, nicht wissen!
Sie gleichen denen, die mitten im Wasser stehen
Und doch nach Wasser schreien.
Als Söhne des Reichsten und Vornehmsten geboren,
Wandeln sie gleichwohl in Armut und Elend trostlos dahin.
Die Ursache des ewigen Kreislaufes im sechsfachen Reich
Ist der düstere Weg eigener Stumpfheit und Blödheit.
Doch immer dunkler und dunkler wird es um sie
Im Dunkel des Irrtums.
Wann sollten sie je sich lösen
Von Leben und Tod?

O Wunder der vollkommenen Schau des Mahayana (1),
Das über alles Lob erhaben ist!
Alle Tugenden: Wohltun und Gebottreue,
Alle gute Tat: Lobpreisung Buddhas,
Reue und Übungen,
Alle münden sie hier!
Wem nur ein einmaliger Sitz (2) sich vollendet,
Dem verschwindet unermeßlich aufgehäufte Sünde.
Wo sollte sich denn ein Ort der Verbannung
Finden für das Böse, wenn
Reines Land so nahe ist?

Wer nur einmal diese lobpreiswürdige Wahrheit
Vernimmt und heilige Wonne fühlt,
dem wird unermeßliches Glück zuteil;
Noch mehr, wenn er ihr sich hingibt
Und unmittelbar seine eigene Natur erlebt.
Dann ist sein eigenes Wesen nichts anderes
Als die Natur des vollendeten Nichts,
Und es ist erhaben über des Denkens Spiel.

Weit öffnet sich das Tor der Einheit
Von Ursache und Wirkung;
Und der einzige Weg tut sich auf, geradeaus-hin,
Kein zweiter und dritter.
Wer ihn beschreitet, der nimmt an als Gestalt
Die Gestalt des Gestaltlosen (3);
Und weder sein Gehen noch Kommen
Sind ihr fremd.

Der nimmt an als sein Denken das Denken des Nicht-Denkens (4),
Und sein Singen und auch sein Tanzen
Sind Stimme der Wahrheit.
Der Himmel der Samadhi
Ist unbehindert ausgespannt,

Und es leuchtet der volle Mond
Der vierfachen Weisheit (5).

Was fehlte da noch,
Wo sich offenbart das Nirvana? (6)
Hier ist nichts anderes als Lotos-Land,
Und dieser Leib hier ist nichts anderes
Als Buddha!

Anmerkungen

1. Mahayana ist das „Große Fahrzeug", welches viele Menschen über den Strom von Leben und Tod ans Ufer der Rettung (Nirvana) bringt. Das „Kleine Fahrzeug" (Hinayana) dagegen faßt nur ganz wenige, meist nur einen einzigen Menschen und bringt sie oder ihn ans Ufer des „leeren" Nichts.

2. „Einmaliger Sitz" bedeutet hier die vollkommene Erfahrung des ZaZen, d. h. der Meditation im ZaZen.

3. Unter dem Gestaltlosen ist das Absolute zu verstehen, d. h. nicht das „leere", sondern das „vollendete", das „erfüllte" Nichts, welches zugleich das All und die Identität des Einen und Vielen ist.

4. Japanisch bezeichnet „Munen" (Nicht-Denken) das Denken des vollendeten Nichts, d. h. nicht eine unbewußte Vorstufe, sondern die Überwindung alles auf Partikularitäten beschränkten Denkens.

5. Die vier Weisheiten sind:
Die Weisheit des vollkommenen Spiegels, d. h. der Gleichheit des Absoluten. Symbol für diese Stufe ist der Bodhisattva Mondju (Manjushri).
Die Weisheit der als Natur erscheinenden Gleichheit, d. h. der Erscheinung und der Versöhntheit von Erscheinung und Wesen. Symbol für diese „Weisheit der Verschiedenheit" ist der Bodhisattva Fugen (Samantabhadra). Er versteht die Einheit von Gleichheit und Verschiedenheit, da alle Kreaturen dieselbe Buddha-Natur besitzen, allerdings meistens ohne ein Bewußtsein davon zu haben. Deshalb hat er schon den Wunsch, alle Kreaturen zu retten, aber seine Einstellung ist trotzdem noch tatenlos-kontemplativ und wirkt nur als Vorbild und Beispiel, nicht als aktive Hilfe.
Die Weisheit des wunderbaren Durchschauens, d. h. der Vereinigung der beiden ersten Stufen mit sozialer Wirksamkeit. Symbol für diese Stufe der Vereinigung von Kontemplation und Aktivität ist der Bodhisattva Kwannon (Avalokiteshvara) oder Kuan-Yin.

Die Weisheit der vollendeten Taten, d. h. der Vollkommenheit und der Nutz-losigkeit. In dieser Stufe sind die bisherigen drei Stufen aufgehoben. Symbol für diese Weisheit des höchsten Nirvana ist Buddha selbst. Die beiden ersten Weisheitsstufen gewährleisten durch rein kontemplative Versenkung die eigene Rettung. Höher aber stehen die beiden folgenden Weisheitsstufen, welche mit-tels sozialer Aktivität die eigene Erlösung in den Dienst fremder Rettung stellen.

Der ersten Stufe entspricht die Gestalt des Wesens Buddhas (Dharmakaya), der zweiten die Gestalt des durch Übungen zur Vollkommenheit gelangten Bud-dha (Sambhogakaya), der dritten und vierten die Gestalt seiner Verklärung (Nirmanakaya), d. h. seiner vollkommenen Freiheit, die verschiedene sichtbare Gestalten annehmen kann. Die vierte Weisheit steht so hoch, daß der Weise, nachdem er vollkommenes Nirvana erreicht hat, auf jedes äußere Anzeichen sei-ner Vollkommenheit verzichten kann. Nicht nur vor dem Buddha kniet er, son-dern auch vor dem Kinde. Denn bei ihm verbindet sich die vollkommene De-mut mit vollkommener Hoheit. Er kann nicht anders als sich selber achten: Denn die Buddha-Natur, die er besitzt, ist die höchste Wahrheit. Er kann nicht anders als demütig sein, denn diese Buddha-Natur findet er unmittelbar vor, nicht nur bei sich, sondern in allen Kreaturen, ohne sie erst lange suchen zu müssen.

Darum tritt der vollkommene Weise auch äußerlich so auf wie ein Kind und oft sogar wie ein Narr, als ob er niemals Nirvana erlebt hätte. Gerade darin zeigt sich alsdann, daß vollkommenste Weisheit sein tiefstes Inneres erfüllt und zum unverlierbaren Bestand seiner Seele gehört. Gerade dadurch wird er befähigt zur Rettung zahlreicher, zahlloser Mitmenschen.

Die vier Stufen der Weisheit stehen nicht etwa isoliert nebeneinander, son-dern durchdringen sich gegenseitig. In ewigem Kreislauf nimmt der vollkomme-ne Weise stets an allen vier Stadien zugleich teil. Er hat z. B. auf der ersten Stufe stets auch die vierte und auf der vierten stets auch die erste gegenwärtig. Er erkennt ja in allem, auch in den Menschen, die scheinbar nur auf der ersten Stufe stehen, dieselbe eine Buddha-Natur. Die Unendlichkeit dieses vierfach ge-stuften und sich ewig in sich selbst wiederholenden geistigen Lebens wird vergli-chen mit dem Kreislauf der Sonne, der ebenso ohne Anfang ist und ohne Ende. Wie das „unerschöpfliche Licht" der Sonne der ganzen Welt Leben und Wärme spendet, ohne selbst eine Kraftverminderung zu erleiden, so übt der vollkomme-ne Weise in der natürlichen Freiheit seines Wesens eine heiligende Wirkung auf seine Umwelt aus: ohne jede Absicht und ohne jede bewußte Zwecksetzung. Darum ist Vollkommenheit gleich Zweck- und Nutzlosigkeit.

Ebenso sprechen ja auch die Sonne, der Mond, die Bäume und schließlich Buddha selbst überall zu uns, und zwar sprechen sie ununterbrochen – lediglich durch ihr Schweigen. Sie reden den Menschen nicht erst großartig an, wenn er nicht bestrebt ist, hinzuhören und ihnen sein Ohr zu öffnen. Deshalb überhören die meisten Menschen diese tiefste Rede, die Predigt des Schweigens. Darum sagt Konfuzius: „Ich möchte nicht mehr reden, denn der Himmel schweigt, indem er den Lauf der vier Jahreszeiten bestimmt und alle Kreaturen ernährt und pflegt." Und Buddha sagt einmal: „Fünfundvierzig Jahre lang habe ich über die Wahrheit gepredigt und doch kein Wort darüber gesprochen."

Vollkommene Wahrheit ist nicht durch Worte erklärbar, sondern unmittelbar muß man sie vorfinden. Anderen Menschen kann man höchstens eine gewisse Beihilfe zu diesem Selbsterlebnis gewähren. Aber auch die hingebungsvollste Mitteilung kann niemals mehr sein als bloßer Hinweis und bloße Andeutung. Darum muß jeder Mensch letzten Endes sich selber retten durch eigenes unmittelbares Erleben. Ohne eigenes Erlebnis kann man auch den Sinn heiliger Schriften nicht erfassen, sie bleiben dann tote Buchstaben und bloßes Papier. Wer aber das vollkommene Erlebnis errungen hat, für den werden auch alle scheinbar „toten" Dinge, wie der Staub der Straße oder ein Stück Holz, zu lebendigen und erhabenen Verkündern der Wahrheit.

6. Das Nirvana wird hier also durchaus nicht als eine transzendente Realität verstanden. Es ist kein Jenseits, sondern das unmittelbarste Diesseits; es ist die vollkommene, absolute und höchste Wahrheit selbst. Nirvana ist „Buddha-Natur", Wesen des Weltalls, allumfassende Ganzheit aus „Sein" und „Nicht-Sein".

Mit diesen Hinweisen auf Leben, Wirken und Werk der beiden Großen des japanischen Zen, Dogen und Hakuin, ist nun der erste Teil dieses Buches abgeschlossen, um im Folgenden die begangenen und begehbaren Zen-Wege und ihre Zeichen sowie die Allegorie der Zehn Ochsenbilder zu Wort und Bild kommen zu lassen.

Worum es dabei und immer wieder geht, ist das Erleben der Wahrheit, die sich der Verfügbarkeit des Habens auch intellektuell entzieht und sich nur der existentiellen Verwirklichung des Seins eröffnet. Ihre Früchte wachsen nicht am Baum der Erkenntnis, sondern am Baum des Lebens – der allerdings auch potentiell der Baum der Erleuchtung ist. Im tiefsten Urgrund der Mystik als der Erfahrung des All-Einen verbinden sich die Wurzeln beider Bäume zur Wirklichkeit des einen Ganzen oder Absoluten – der über allen Gegensätzlichkeiten stehenden Vollkommenheit umfassender Ganzheit, der über allen Wirkungszusammenhängen stehenden Freiheit – der höchsten Wahrheit selbst, die es zu verwirklichen gilt.

Kapitel 5

Bushido, die Seele Japans –
die innere Kraft der Samurai

„Bushido – die Seele Japans" lautete der Titel des 1901 erstmalig auf Deutsch erschienenen Buches von Dr. Inazo Nitobe (1862 – 1933), das seit seinem Erscheinen in Tokyo 1899 eine Vielzahl von Auflagen und Übersetzungen in alle Weltsprachen erfuhr[15]. Erst spät (1948) sorgte die erste deutsche Ausgabe des 1935 erschienenen und ebenfalls in zahlreichen Auflagen veröffentlichten, fast 1200 Seiten dicken Samurai-Romans „Musashi"[16] von Eiji Yoshikawa (1892 – 1962) für einen neuen Boom der japanisch-kriegerischen Thematik – unterstützt nicht zuletzt durch die klassische Anleitung zur Strategie des Miyamoto Musashi (1584 – 1645) selbst unter dem Titel „Das Buch der fünf Ringe"[17]. Daraus seien seine neun klassischen Regeln zitiert[18]:

1. Habe nie arglistige Gedanken
2. Übe dich unablässig darin, dem Weg zu folgen
3. Mache dich vertraut mit allen Techniken und Künsten
4. Studiere die Wege vieler Tätigkeiten und Berufe
5. Lerne an allen Dingen Gewinn und Verlust zu unterscheiden
6. Entwickle deine Fähigkeit, die Dinge auf den ersten Blick zu durchschauen
7. Bemühe dich, das Wesen auch dessen zu erkennen, was unsichtbar bleibt
8. Vernachlässige nie deine Aufmerksamkeit auch gegenüber den kleinsten Dingen
9. Halte dich nicht mit nutzlosen Beschäftigungen auf.

Sowohl Inazo Nitobe als auch Eiji Yoshikowa entstammten angesehenen Samurai-Familien, was bis heute noch für viele Führungskräfte in Politik, Wirtschaft und Gesellschaft von Japan gilt und nicht ohne Stolz zur Schau getragen wird. Mit den Worten von Edwin O. Reischauer[19] aus dem Nachwort zum Roman „Musashi":

„Obgleich die Samurai im modernen Japan weitgehend in Vergangenheit versunken sind, entstammen die meisten Angehörigen der neuen Führungsschicht dieser Feudalkaste. Ihre Philosophie wurde durch die Vermittlung des neu eingeführten Erziehungssystems zum geistig-ethischen Hintergrund des gesamten japanischen Volkes. Besonderer Nachdruck wird dabei gelegt auf Selbstbeherrschung und persönliche Geistesstärke, wie man sie etwa in der Zen-Schulung erlangt."

Inazo Nitobe beginnt 1899 seine Schrift über den Bushido als die Seele Japans mit den poetischen Worten: „Die Ritterlichkeit ist eine Blume, welche auf dem Boden Japans ebenso heimisch ist wie ihr Zeichen, die Kirschblüte; sie ist keine getrocknete Gattung einer alten Tugend, die in dem Herbarium unserer Geschichte aufbewahrt wird. Sie ist unter uns ein noch lebendiges Wesen von Kraft und Schönheit, und wenn sie auch keine greifbare Form und Gestalt annimmt, so durchdringt sie nichtsdestoweniger die Atmosphäre unserer Moral und zeigt uns, daß wir noch unter ihrem mächtigen Zauber stehen. Längst sind die gesellschaftlichen Bedingungen, die sie hervorbrachten und wachsen ließen, verschwunden, aber wie jene weit entfernten Sterne, die einst waren und nicht mehr sind, noch immer Strahlen zu uns senden, so erleuchtet das Licht der Ritterlichkeit, dieses Kindes des Feudalismus, noch immer den Weg unserer Sittenlehre und überlebt die Einrichtung, die ihre Mutter war."

Auch für Europa war das Rittertum eine geschichtlich, kulturell und moralisch bedeutsame Kraft und Zeit, der allerdings schon das unglückliche Ende Heinrichs II. von Frankreich im Jahre 1559 im Turnier den Todesstoß versetzte. Für den japanischen Bushido und seinen sprichwörtlichen Stolz in Todesverachtung läuteten die Todesglocken erst in der kaiserlichen Verordnung von 1876, die das Tragen von Schwertern in der Öffentlichkeit verbot. Seitdem jedenfalls hat keines der beiden Schwerter des Samurai *(Daito* oder *Katana,* das längere, und *Shodo* oder *Wakizashi,* das kürzere)*,* die als Sinnbild von

Kraft und Tapferkeit galten, seine Scheide öffentlich zum Kampfe verlassen. Inwieweit und auf welche Weise die friedlichen Schwert-Wege Iaido und Kendo davon eine Ausnahme machen, wird im Kapitel 7 dargestellt.

Wo das Schwert des Samurai in Japan noch heute traditionelle Kostüme ziert, kann man am 5. Mai, dem Tag der Kinder oder Knaben, in öffentlichen Auslagen in Kaufhäusern, Hotelhallen oder ähnlichen Orten bewundern. Vielfach ziert auch den Gabentisch des Knaben zu seinem fünften Geburtstag ein solches Schwert, das ihm früher auf dem Go-Brett (welches das Schlachtfeld symbolisierte) in den Gürtel gesteckt wurde und das er dann mit fünfzehn Jahren – mannbar geworden – frei gebrauchen durfte.

Bushido, der Ehrenkodex oder die innere Kraft der Samurai, entstand als „Weg des Kriegers" in der Kamakura-Zeit (um 1200). Er formte und entwickelte sich unter dem beherrschenden Geist des Zen noch über das Zeitalter von Ashikaga (1305 – 58). Einen Höhepunkt erreichte er in der Edo-Periode des frühen 17. bis ins 19. Jh., mit Beginn der Tokugawa-Herrschaft (1607) und bis hin zur Meiji-Restauration (1868). In dieser Friedenszeit von zweieinhalb Jahrhunderten übten auch die neokonfuzianischen Lehren in Japan einen starken Einfluß aus.

Gefolgt wurde dieser kriegerische und konfuzianische Bushido in der ersten Hälfte des 20. Jhs. von einer Art nationalem Bushido, der in jüngster Zeit neue und unrühmliche Aktualität gewann durch das Buch „Zen, Nationalismus und Krieg – Eine unheimliche Allianz" von Brian Victoria[20].

Der Autor ist selbst ordinierter Priester des Soto-Zen in der Nachfolge von Asada Daisen, dem Abt des Jokuin-Tempels in der Präfektur Saitama. Wegen seines entschiedenen Eintretens für politische Gefangene in ganz Asien aus der überzeugten Opposition gegen den Vietnam-Krieg wurde er aus Taiwan, China, Korea, Japan und dem ehemaligen Südvietnam ausgewiesen und lebt und arbeitet derzeit an der Universität von Auckland in Neuseeland. Mögen sich auch seine fundierten und gut recherchierten Berichte verständlicherweise durch eine gewisse Einseitigkeit auszeichnen, so sind sie doch durchaus ge-

51

KAPITEL 5

eignet, zusätzliches Licht und gelegentliche Verdüsterung auf die Praxis des Zen und seiner Vertreter im kriegerischen Japan von 1894/95 (China), 1904/05 (Rußland), 1913 – 1930 (Korea) und schließlich im Zweiten Weltkrieg bis hin zu Pearl Harbour und den Atombomben auf Hiroshima und Nagasaki im August 1945 zu werfen.

Auch wenn der bei Brian Victoria als letzter Zen-Roshi, Rinzai-Priester, Professor der Hanazono-Universität und Hauptabt des Tenryuji-Tempels genannte Tagashi Hirata Seiko (geboren 1924) sich tatsächlich im Jahr 1945 noch bei den Kamikaze-Unterseeboot-Ein-mann-Torpedos in Ausbildung befand und nur durch das Glück des rechtzeitigen Kriegsendes zwei Monate vor seinem geplanten selbst-mörderischen Einsatz verschont wurde, so kann dies in keiner Weise seine spätere Entwicklung abwerten. Dazu gehören insbesondere nicht weniger als elf Jahre der Schulung und Übung im Zen allein mit seinem Lehrer Bokuo Son Seki im Tenryuji, den Brian Victoria wohl verwechselte mit Seki Seisetsu, auf dessen Buch „Lobpreis auf Bushido" von 1942 er dann insbesondere seine Kritik an Hirata stützt.

Ohne hier näher auf die nationalistisch-militaristischen Vorwürfe von Victoria einzugehen, bleibt doch festzustellen, daß es in Japan wohl an einer der deutschen Entnazifizierung nach 1945 vergleichbaren „Reinigung" fehlte. Nicht ganz von ungefähr erscheinen deshalb selbst so berühmte Namen von Zen-Meistern wie Harada Daiun Sogaku (1870 – 1961), Yasutani Hakuun (1885 – 1973), Yamada Mumon (1900 – 1980), Yamada Reirin (1889 – 1979), Kurebayashi Sawaki Kodo (1893 – 1988) oder auch Kitaro Nishida, der Begründer der Kyoto-Schule für Philosophie (1870 – 1945) und insbesondere Daisetz Teitaro Suzuki (1870 – 1966), der gemeinhin als *der* publizistische Wegbereiter des Zen im Westen gilt, aber auch nach Meinung von Professor Jeff Shore von der Hanazono-Universität in diesem kritischen Buch von Victoria etwas zu schlecht weggekommen scheint.

Ein letztes Dokument des Bushido und der Betonung konfuzianischer Tugend im kriegerischen Umfeld stellt der kaiserliche Erlaß mit seinen „Ratschlägen an alle Kämpfenden und Streitkräfte zu Lande und zur See" aus dem Jahre 1882, kurz vor Beginn des Pazifik-Krieges, dar. Als Grundlage der moralischen Erziehung des Heeres und der Marine wurde er in allen Schulen gelesen und kommentiert und täglich von den Soldaten rezitiert. Dieses Dokument hob die folgenden fünf Tugenden hervor:

Von der Treue
Von der Höflichkeit und Disziplin
Von Mut und Tapferkeit
Von der Glaubwürdigkeit und Loyalität
Von der Einfachheit und Bescheidenheit

Dabei wird als das Wichtigste zur Umsetzung in die Praxis in einer Schlußbemerkung die Ehrlichkeit als die „Seele dieser Vorschriften" hervorgehoben, denn „... ohne Ehrlichkeit sind gute Worte und rechte Lebensführung nur äußerer und vergänglicher Schmuck. Wenn das Herz ehrlich ist, gibt es dagegen nichts, was nicht vollbracht werden könnte".

Galt Bushido als die Seele Japans und das Schwert mit seiner Mystik als die Seele des Samurai, so war und ist beides nicht verständlich ohne die innere Seite des Zen, das als Herz *(Kokoro)* der Lehre das Wesen dieses Weges bestimmt. Selbstdisziplin, Selbstbeherrschung und Selbstlosigkeit sind die dafür ehrlichen Herzens maßgeblichen Werte, wodurch der Samurai noch über Todesmut und Todesverachtung hinaus lernte, „jenseits von Tod und Leben zu gehen". Dadurch wurde die Trennung von Diesseits und Jenseits und die Spaltung der Welt in Subjekt und Objekt überwunden aus der Kraft des Geistes und der Meditation, die im Relativen des Hier und Jetzt stets auch das Ganze des Absoluten der Wahrheit umfaßt.

Für den Samurai oder Schwert-Meister bedeutete dies zu lernen, das Schwert im Kampf überflüssig sein zu lassen – nicht mehr das Schwert zu schwingen, sondern es schweigen zu lassen: selbst Schwert zu werden, womit der dualistische Waffengang im Gefolge der Überwindung des eigenen Ego überflüssig werden konnte. Bevor auf diesen „kampflosen Kampf" als den geistigen Weg der Kampfkünste im *Budo* des Zen näher eingegangen wird, soll hier die Sage vom Wetteifer der beiden gleichermaßen berühmten und hochgeachteten Meister der Schwertschmiedekunst, Masamune und Masahige, erzählt werden.

Zur Prüfung in das Wasser des Baches gehalten, um ihre Schärfe zu prüfen, zerteilte das erste Schwert ohne Makel und Mühe die Kirschblütenblätter, die auf es zutrieben. Der Sieg aber gehörte dem zweiten Schwert, dessen Schärfe die Blütenblätter in der Strömung von sich abwies und nicht zu zerschneiden brauchte.

> *„Sieg gehört nur dem Einen,*
> *vor des Kampfes Beginn schon,*
> *der seines Ich nicht gedenkt,*
> *der im Ursprung von Nicht-Ich wohnt",*

lautet das Motto einer alten Schwertkampf-Schule. Und wenn man auch im neueren Zen-Sinn versucht wäre, die letzte Zeile dahin zu korrigieren, „wo einer im Ursprung jenseits von Ich und Nicht-Ich wohnt", so bleibt doch die schon von Meister Dogen und allen Zen-Meistern angemahnte Ich-Überwindung Ziel aller praktischen und existentiellen Zen-Übungen, denn:

> *„An einem Geist, der völlig frei*
> *von Gedanken und Erregung ist,*
> *findet selbst der Tiger keine Stelle,*
> *seine Krallen einzuschlagen".*
> (Takuan Soho)

Ohne jede Ablenkung durch Gefühle, Gedanken, Absichten, Ärger oder sonstige Irritationen entspricht der Übende im Zen und Budo jeweils spontan der Situation, auf die er unmittelbar und unvermittelt in totaler Direktheit reagiert: so wie ein leerer Spiegel (sein Herz) das Bild nicht kennt, das er hält, ohne es festzuhalten, und das er in der Reflexion schon wieder abgibt – widerspiegelt.

Kapitel 6

Budo, der Weg des Kriegers

Begriff und Bedeutung

Budo ist ein Oberbegriff für die Kampfkunstarten, die unter dem Aspekt des Weges *(Do)* aus dem *Bujutsu* (Technik des Kriegers) hervorgegangen sind und insbesondere in der Verbindung zum Zen einen ethischen Gehalt erhielten und so zum Budo („Weg des Kriegers") wurden. Nach der Bezeichnung der „Weg-Halle" *(Dojo)* als dem Ort, wo die jeweiligen Kampfkünste oder auch ZaZen geübt werden, richten sich die Regeln des Budo, *Dojokun,* als praktische Anleitung zur Übung der rechten Haltung.

Nach der Sage geht die erste *Dojokun* auf Bodhidharma und seine Meditation im chinesischen Shaolin-Kloster zurück, wobei die Shaolin-Mönche auch in neuerer Zeit noch mit spektakulären Auftritten auf ihre Künste aufmerksam machen. Die fünf Leitsätze der *Dojokun* bezeichnen übergeordnete Bereiche für alle menschenmöglichen Verwirklichungen und zeigen einen Weg *(Do),* der über die rein technische Form *(Jutsu)* hinausführt zur geistigen Unabhängigkeit und Realisierung. Diese Leitsätze lauten:

Suche nach der Perfektion deines Charakters,
wobei es um das ausgewogene innere Verhältnis des Menschen zu sich selbst geht. Was dem Übenden, der sich häufig noch in Vorurteilen befangen findet, anfänglich häufig zum Verhängnis wird, sind Tendenzen zu Überheblichkeit, Egoismus, Selbstüberschätzung, Ungerechtigkeit, Selbstmitleid und ähnliche unkontrollierte Gefühle.

Verteidige die Wege der Wahrheit,
womit die Haltung des Menschen gegenüber der Welt und dem Leben, insbesondere dem Mitmenschen gemeint ist. Fruchtbare Bezie-

hungen entstehen erst dann, wenn der Mensch fähig ist, persönliche Ansprüche durch die Bereitschaft zur Hingabe auszugleichen und damit in der rechten Weise und im Gleichgewicht in der Welt zu sein.

Pflege den Geist des rechten Strebens,
womit die Verwirklichung des Menschen in seinen persönlichen Lebenszielen gemeint ist. Wie Menschen im persönlichen Umfeld ihre Ziele setzen, bestimmt in einer übergeordneten Dimension den Frieden in der Welt. Strebsamkeit allein ohne Verantwortung und die Verbindung zu einer reifen inneren Haltung steht dem Leben entgegen.

Ehre den Geist der Etikette,
die der Mensch in seinem Verhalten und im Umgang mit anderen beachten muß, will er verstanden und angenommen werden. Auch allein in einem dunklen Zimmer sitzend benehme man sich, als säße man einem geehrten Gast gegenüber, sagt eine Zen-Empfehlung. Dazu zählt die Verbeugung beim Betreten und Verlassen des Dojo oder vor dem Gegenüber bei Beginn und Ende eines Wettkampfes. Auch die schweigende Meditation *(Mokuso)* zu Beginn und Ende jeder Übungsstunde gehört hierher, wozu der Leiter das Zeichen *(Seiza)* für den Sitz der Übenden auf den Fersen gibt.

Verzichte auf Gewalt,
was sowohl für die korrekte innere Haltung als auch für den Wettkampf gilt, der ohne körperliche Gewalt geführt werden sollte. Dies ist nicht leicht verständlich in Anbetracht der Weltmeisterschaften etwa in Karate oder olympischer Wettbewerbe in Judo und Taekwondo. Dennoch sind die Wege des Budo grundsätzlich zur Selbstverteidigung konzipiert („Im Karate gibt es keinen ersten Angriff") und nicht zum Austragen gewaltsamer Kämpfe. Ein Fortgeschrittener in den Kampfkünsten könnte anderen ernsthafte Verletzungen zufügen und wäre damit, wenn er seine Fähigkeiten als Machtmittel gegenüber seinen Mitmenschen einsetzt, eine Gefahr für die Gesellschaft – und letztlich für sich selbst, wo er sich im Budo doch auf den Weg der Selbstmeisterschaft machen sollte.

Die Dan-Grade der Budo-Meister

Bevor die einzelnen Wege der Kampfkünste dargestellt werden, soll das ihnen gemeinsame System der Dan-Grade aufgezeigt werden. *Dan* heißt soviel wie „Rang" oder „Stufe" und bezeichnet eine Art von Hierarchie in der jeweiligen Meisterschaft nach folgendem Aufbau:

Yudansha (= technische Meistergrade)

Shodan	=	1. Grad (des Suchenden nach dem Weg)
Nidan	=	2. Grad (des Schülers am Anfang des Wegs)
Sandan	=	3. Grad (des anerkannten Schülers)
Yondan	=	4. Grad (des technischen Experten)

Kodansha (geistige Meistergrade)

Godan	=	5. Grad – Renshi
Rokkudan	=	6. Grad – Renshi (ab 35 Jahren)
Shichidan	=	7. Grad – Kyoshi (ab 42 Jahren)
Hachidan	=	8. Grad – Kyoshi (ab 50 Jahren)
Kudan	=	9. Grad – Hanshi (ab 60 Jahren)
Judan	=	10. Grad – Hanshi (ab 70 Jahren)

Eindrücklich und vor so manchem westlichen Jugendlichkeitswahn konservativ erscheinend, ist hier die Bindung der höheren Grade der Reife an ein höheres Lebensalter.

Vorausgegangen ist bei einigen Wegarten, wie zum Beispiel aus den Judo-Klassen der Jugendlichen bekannt, das Kyudan- oder Gürtel-rangsystem nach folgender Einteilung *(Mudansha):*

Unterstufe:

6. Kyu *(Rokkukyu)*	– weißer Gürtel
5. Kyu *(Gokyu)*	– gelber Gürtel
4. Kyu *(Yonkyu)*	– oranger Gürtel

Oberstufe:

3. Kyu *(Sankyu)*   – grüner Gürtel
2. Kyu *(Nikyu)*   – blauer Gürtel
1. Kyu *(Ichikyu)*   – brauner Gürtel

Von Stufe zu Stufe also wird der Gürtel dunkler, bis er schließlich mit dem 1. Dan das Schwarz der Meisterstufe erreicht. In dieser Zeit der Vorschulung ist natürlich die Technik und ihre Vervollkommnung der einzige objektive Maßstab, den der jeweilige Lehrer anwendet.

Noch dunkler wird auch der Schwarzgurt der Meisterschaft mit der Zeit durch Schweiß und Abnutzung. Auf keinen Fall aber wird der Gürtel *(Obi)* gewaschen, denn er symbolisiert alle Phasen und Erfahrungen, die den Übungsweg eines Budoka kennzeichnen und die dieser somit enthält. Wäscht man den Gürtel, so wäscht man die Erfahrungen weg. Jeder Gürtel erzählt seine eigene Geschichte von Freud und Leid, von Freundschaft und Mißverständnissen, von Erfolg und Mißerfolg, von Stärke und Schwäche, Versagen und Schmerzen – eben von allen persönlichen Höhen und Tiefen. Der Gürtel ist das Abbild des Weges, den jeder einzelne geht. Aus diesem Grund ist es beispielsweise für einen Übenden eine große Ehre, wenn ein Meister ihm als Anerkennung seinen Gürtel schenkt, der alle Wege seiner Übung, seines Werdens mitgegangen ist.

Jeder Gürtel ist auf eine besondere Weise mit dem Menschen, der ihn trägt, verbunden. Er wird zu einem wertvollen Objekt, wenn der übende Mensch sich selbst und seine Kunst in Ehren hält. Gleichzeitig jedoch verliert er seinen Wert, wenn der Übende die Regeln des Budo verletzt – und kein Kollege würde diesen Gürtel als Geschenk oder Erinnerung mehr haben wollen.

Wie der Gürtel, so ist auch die getragene Kleidung aus Jacke *(Uwagi)* und Hose *(Zubon)* in weißer Baumwolle klassisch für die Übenden der jeweiligen Wege – einfach und sauber, ohne Unterschied zwischen Meister und Schüler, der sich nicht äußerlich ausdrückt, sondern nur in der jeweils gelebten Stufe, die sich im Dan-Grad manifestiert.

Den wirklichen Meister aber interessiert die Technik weniger – er schaut vor allem auf die Haltung, die er über die jeweilige Wirkung hinaus lehrt. So weiß er auch, daß ein Krieg nicht dadurch gerecht wird, daß man ihn gewinnt: Ohne Haltung gibt es keine rechte Wirkung.

Während der Mensch im Wettkampf normalerweise übt, um andere zu besiegen, übt er im Budo, um sich selbst zu besiegen. Budo ist kein Weg der Rekorde. Die richtige Auffassung der Übung erfordert eine Haltung der Geduld mit sich selbst und mit anderen Menschen. Ein Übender der Budo-Wege muß lernen, geduldig und bescheiden zu sein. Niemals zu verlieren bedeutet nicht automatisch, immer zu gewinnen.

So ist auch der Schwarzgurt des ersten Dan *(Shodan)* nicht etwa ein Zeugnis für errungene Meisterschaft, sondern lediglich der erste Schülergrad auf dem Weg, der hier erkennbar wird.

Der zweite Dan *(Nidan)* zeigt, daß der Schüler nun die Bedingungen – das Wie des Weges – durch seine rechte Haltung verstanden hat und weiß, worauf es ankommt. Aber noch weiß er nicht, ob er den Anforderungen des Weges wirklich gewachsen ist.

Der dritte Dan *(Sandan)* als „Grad des anerkannten Wegschülers" steht für die Unwiderruflichkeit des Weges, den er eingegangen ist und auf dem Gesetze und Regeln mehr und mehr durch die rechte innere Haltung gegenüber allen Dingen ersetzt werden. Hier beginnt der Schüler auch seinen inneren Meister zu spüren, der ihn drängt und nicht mehr losläßt.

Der *Yondan* als die vierte Graduierung zeigt den Schüler an der Grenze der rein körperlich erreichbaren Technik. Nun verinnerlicht er die Aspekte der Weg-Kunst, indem er sie im Dojo und im Alltag lebt. Er sucht die Wahrheit in sich selbst und weiß, daß weiterer Fortschritt auf dem Weg nur durch den Sieg über sich selbst entsteht – nicht mehr durch Können, sondern durch Werden. Der vierte Dan ist die Vorstufe zur wahren Meisterschaft.

Von Gichin Funakoshi, einem Großmeister des Karate-do, stammt die folgende Geschichte zur Erlangung und Verdeutlichung der ersten Dan-Grade:

„Wenn ein Mann des Tao den ersten Dan erhält, wird er voller Dankbarkeit seinen Kopf beugen. Wenn er den zweiten Dan erhält, wird er seinen Kopf und seine Schultern beugen. Wenn er den dritten Dan erhält, wird er sich tief bis zur Hüfte beugen und still nach Hause gehen, damit ihn keiner sieht.

Wenn der kleine Mann seinen ersten Dan erhält, wird er nach Hause laufen und es jedermann erzählen. Erhält er seinen zweiten Dan, wird er auf die Dächer klettern und es jedem zurufen. Erhält er seinen dritten Dan, wird er in sein Auto springen und hupend durch die Stadt fahren."[21]

Von Meister Gichin Funakoshi stammt auch der Leitsatz: „Intuition ist wichtiger als Technik. Das Leben ist ein Kampf und wird immer einer sein. Welchen Wert jedoch hat ein Mann, wenn er zwar Kraft, aber keine Philosophie besitzt?" Mit anderen Worten: Welchen Wert hat die Wirkung in der Welt ohne die rechte Haltung gegenüber dem Leben? In Wachsamkeit geschulte Intuition macht den Menschen aufmerksam auf die Gefahr, bevor sie eintritt. Sie ist damit der Technik – und sei sie noch so perfekt – menschlich überlegen.

Aus der Graduierung der zehn Dan-Grade ergibt sich eine interessante Parallele zu den Zehn Ochsenbildern auf dem Weg der Suche nach dem wahren Wesen und seiner Schau *(Kensho)* im Zen, die im Kapitel 18 ausführlicher behandelt werden.

Kapitel 7
Iaido und Kendo, die Schwert-Wege

Iaido ist der Weg des Schwertes mit diesem allein, wozu sich der Meister dieses in den Gürtel *(Obi)* des traditionellen Gewandes aus Jacke *(Haori)* und langem weiten Beinkleid *(Hakama)* gesteckt hat. Vor Beginn der Übung legt der Meister das Schwert in erkennbarer Achtung und liebevoller Zuneigung vor sich auf den Boden, um sich darüber zu verneigen, bis die Stirn fast den Schaft berührt – bis seine Seele sich mit der des Schwertes vereinigt. Aus dem meditativ gesammelten Sitz auf den Fersen am Boden *(Seiza)* springt er dann behende und scheinbar unvermittelt auf, um eine Reihe von raschen Bewegungen in ritueller Abfolge mit Hieben, Stichen und Paraden durchzuführen – von Nukitsuke, Ushiro Tsuki, Uki Nagashi, Kesagiri, Zanshin in Jodan-no-kamae bis hin zu Zanshin nach dem Noto. Dann – wieder im Fersensitz am Boden – wird das Schwert mit Hilfe der wegweisenden Finger der linken Hand langsam und gefühlvoll in die Scheide zurückgeführt, bis schließlich nach einer Ruhephase der gesamte, tänzerisch wirkende Bewegungsablauf von neuem oder auch in verändertem Rhythmus wieder beginnt.

Hier gilt also nicht der Satz: „Ist das Schwert erst gezückt, kehrt es nur schwer in die Scheide zurück", denn es handelt sich ja um einen Schaukampf ohne Gegner. Eine solche Demonstration bei feierlicher Gelegenheit erlebten die Teilnehmer an der 30-Jahr-Feier für Rütte, die Existential-Psychologische Bildungs- und Begegnungsstätte des Grafen Dürckheim im Jahr 1981 in Todtmoos. Für die Vorführung dort hatte sich Maître Noro zum besonderen Anlaß noch einmal seinen weißen Hochzeitskimono angezogen, den er seit damals nie mehr getragen hatte: eindrucksvolle Gestaltung einer wirklich einmaligen Feierlichkeit, die auch durch die 10minütige Übung des schweigenden ZaZen auf der Bühne durch den Zen-Meister Seki Yuho Roshi unterstrichen wurde.

Die Abbildungen zeigen eine komplette Sequenz der beschriebenen Art des Budo-Meisters und -Lehrers Wolf-Dieter Wichmann aus Bremen:

1 Sammlung im Seiza

2 Nukitsuke

3 Ushiro Tsuki

4 Uki Nagashi

5 Kesagiri

6 Zanshin in Jodan-no-kamae

7 Zanshin nach dem Noto

Ken Zen ichi – „Schwert und Zen sind eins", so lautet das zentrale Motiv eines in der Zen-Literatur berühmt gewordenen Briefes von Zen-Meister Takuan (1573 – 1645) an den Schwertmeister Yagyu Muenori. Im Gegensatz zu dem mit sich selbst und seinem Schwert allein Übenden auf dem Weg des Iaido entspricht Kendo dem mittlerweile mit den Übungsschwertern aus Bambus friedlich gewordenen „Waffengang" zwischen zwei Partnern. Auch diese sind zum Schutz vor dem Bambusschwert *(Shinai)* durch die komplette Rüstung des Kendoka geschützt, die in der mittlerweile klassischen Form nicht gerade billig ist. Dazu gehören neben Jacke *(Keikogi)* und Hosenrock *(Hakama)* ein Kopfschutz mit Gesichtsschutzgitter *(Men)*, ein Brustpanzer *(Do)* sowie ein Schutzpolster an den Händen *(Kote)* und den Lenden *(Tare)*.

Barfuß und auf dem bloßen Fußboden kämpfen die Kendoka über einen Gang von jeweils fünf Minuten, wie man beispielsweise bei den Meisterschaften des Deutschen Kendo-Bundes beobachten konnte. Der jeweilige Schlag erhält im Wettkampf nur dann eine Wertung, wenn er aus dem ganzen Körper heraus aufrecht und zeitgleich genau mit dem Kampfschrei *(Kiai)*, der Haltung und dem Schritt koordiniert ist. Die vier Treffstellen sind der Kopf, die Handgelenke, der Brustschnitt oder der Kehlkopf, wobei jeweils drei Kampfrichter ein kämpfendes Paar unter den Augen des Oberkampfrichters beobachten. Die Arbeit als Kampfrichter ist nicht einfach und setzt langjährige eigene Kendo-Erfahrung voraus. Für den Laien ist das lautstarke „Hauen und Stechen" mit dem kräftigen Schrei und in heftiger Geschwindigkeit auf Anhieb nur schwer zu durchschauen.

„Im Angriff abzuwarten und im Abwarten anzugreifen – im Gehen ohne Form und im Kommen ohne Spur – unbewegt in der Bewegung und ruhelos in der Ruhe", so lauten die paradox anmutenden Anleitungen von Shissai Chozan, einem anderen berühmten Schwert- und Zen-Meister aus dem frühen 18. Jh., und er fährt fort: „Innere Reinheit bedeutet, daß man sein Herz reinigt und vom Schmutz selbstsüchtiger Gedanken und zügelloser Phantasien befreit, zu seinem wahren Wesen der Begierdelosigkeit zurückkehrt und seine ursprüngliche, angeborene himmlische Natur pflegt. Gibt es ein Ich, so gibt es auch einen Gegner. Wenn das Ich frei vom Denken ist, dann bietet

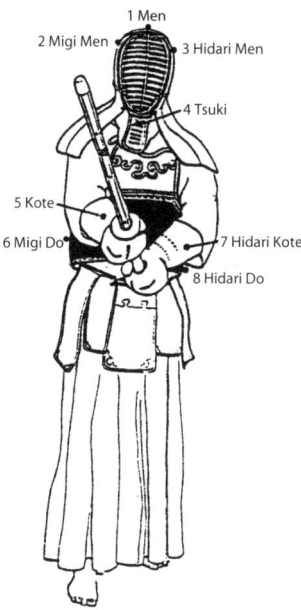

1 Men
2 Migi Men
3 Hidari Men
4 Tsuki
5 Kote
6 Migi Do
7 Hidari Kote
8 Hidari Do

Kendo, „Der Weg des Schwertes", die Treffstellen

die Form keine Angriffspunkte. Ich erkläre Ihnen nichts weiter als die Vorteile der (Nicht-) Waffe Ihres eigenen Ich. Denn wenn Sie die nicht beherrschen, dann ist es nutzlos, daß Sie die Waffe Ihrer jeweiligen Schulmethode in der Hand führen ..."

Nach diesem Zitat aus dem *Tengu-Geijutsu-Ron* des Shissai Chozan kehren wir noch einmal zurück zum *Taiaki* von Takuan, das mit den Worten beginnt: „In der Kunst des Kämpfens geht es nicht um Sieg oder Niederlage, nicht um stärker oder schwächer, nicht um einen Schritt vorwärts oder rückwärts, sondern darum, ganz einfach auf derselben Stelle stehend siegen zu können."

Und weiter heißt es: „Räuber im Walde sind leicht zu werfen, nicht so der Räuber in uns." Der eigentliche Feind im Kendo ist also nicht draußen und gegenüber, sondern in der Brust des Kämpfenden selbst. Das Schwert schleifen bedeutet, sich selber schleifen. Rechtes Handeln ist handeln, ohne zu tun *(Musa)*. „Befangen ist das Handeln derer, in denen ihre Vergangenheit nachwirkt. Unbefangen ist das Han-

65

deln derer, die in jedem Augenblick ihre Vergangenheit aufheben und so ganz und gar im Augenblick sind und eben dadurch die Gegenwart beherrschen" – was dem Handeln ohne zu handeln aus der Zen-gemäßen Absichtslosigkeit entspricht, die es zu erreichen gilt.

Und nochmals Meister Takuan: „Sich des Schwertweges befleißigen heißt, sein Inneres bilden. Vor dem wahrhaft Großen beugt sich, vom Strahl seiner Würde berührt, alles von selbst. Siegen ohne zu kämpfen bedeutet, andere mit der Kraft seiner Tugend zu beugen. Nichts anderes meint der Begriff vom wahren, wunderbaren Schwert, das uns allen eingeboren, vom Himmel verliehen ist."

Das Bildhaft-Eindrückliche am Schwert-Weg des Kendo ist, daß er heute noch begangen wird und in Japan auch als Pflichtfach an den Schulen etwa 12 Millionen Praktizierende hat, während es in Deutschland seit Anfang der siebziger Jahre mittlerweile ca. 1.500 Kendoka gibt (für Iaido ist das Zahlenverhältnis etwa 700.000 zu 400), die in mehr als 60 Dojos üben.

Im Deutschen Kendo-Bund gibt es einen Frauenanteil von ca. 15 %, vier von ihnen haben den 5. Dan erreicht. Bei den Männern halten drei den 7. Dan Kendo, darunter Wolfgang W. Demski (Jg. 1935, früherer Präsident des Kendo-Bundes), dessen beide Töchter jeweils den 5. Dan, der Sohn den 4. Dan und der Schwiegersohn den 3. Dan haben – eine echte Kendo-Familie also, in der er außer durch seine sympathische, bescheidene Art in Wettkampf und Gespräch auch herausragt durch den weißen Kendo-Anzug, den er nach eigener Wahl als einer der wenigen beim Wettkampf in der Halle trägt. Das Graduierungssystem ist international geregelt. Bis zum 5. Dan wird in Deutschland geprüft, wobei allerdings Prüfer mit dem 7. Dan oder höher aus dem Ausland (meist Japan) hinzugezogen werden müssen. Grundsätzlich muß der Prüfer mindestens zwei Stufen höher graduiert sein als der Prüfling.

In Verbindung mit dem Deutschen Kendo-Bund hatte sich W. W. Demski stärker dem verhältnismäßig jüngeren Meister und Professor der Tsukuba-Universität in Tokyo, Nariaki Satou (9. Dan Hanshi), angeschlossen. In Japan besuchte er jeweils für einige Zeit hochrangige Lehrer, wie etwa Mitsuo Sumino (8. Dan Kyoshi) und Tetsuhiro

Sekiyama (7. Dan Kyoshi) bei der Tokyoer Polizei, wo die Kendo-Übung zum klassischen Bestandteil der beruflich-persönlichen Ausbildung gehört. Auch Tadagoshi Ishihara (9. Dan Hanshi) und Hajime Ogura (7. Dan Kyoshi) in Okayama zählten zu seinen Lehrern in Japan.

Hat man das Glück, zum Beispiel in einer Übungshalle in Japan einem „Waffengang" (mit dem langen Bambusstock *Shinai)* zwischen zwei Meistern mitzuerleben, so entsteht wahrlich nicht mehr der Eindruck von Wettkampf, sondern eher von Tanz und Spiel nach dem Motto „Spiele auf dem Weg", das als Schriftzeichen von Meister Kinoshita noch in den vierziger Jahren die Handtücher der Mitglieder der Kendo-Abteilung an der kaiserlichen Universität in Tokyo zierte. Wo kein „Selbst" und kein „Anderer" mehr ist, da entsteht in „Nicht-Zweiheit" *(Jitafuni)* die Bewegung von zwei Wirkungsweisen eines Wesens. Die Wahrheit, die sich sichtbar ausdrückt und sich selber genießt – das ist die Sphäre, in der Meister sich bewegen, wenn sich ihre Klingen kreuzen. Doch bis es zu solcher Stufe der Meisterschaftlichkeit kommt, die zu erreichen nur wenigen vergönnt ist, bedarf es geradezu unendlicher Übung, die den Weg zu innerer Notwendigkeit werden läßt.

Begegnen kann man den Übenden im Alltag von Schulen, Universitäten oder öffentlichen Übungshallen, wie beispielsweise im Schloßpark von Osaka, wo laute Schreie und helle Schläge der Bambusstöcke das Training begleiten und den Weg weisen für den überraschten Zuschauer. Dort sieht er dann zahlreiche Schüler am Rande der Halle auf ihren Fersen sitzen, ruhig und wie unbeteiligt, aber doch hellwach und konzentriert – „unbewegt in der Bewegung und ruhelos in der Ruhe".

In Bewegung sind immer nur wenige Paare inmitten der großen Halle, wo die nackten Füße im Sprung jeweils einen klatschenden Laut am Boden verursachen, bevor sie die Kraft und Grazie der Bewegung in Angriff und Ausweichen umsetzen und in der gelungenen Parade die Stöcke hell aufeinanderschlagen lassen. Gut, daß Kopf, Hände und Körper geschützt sind vor den Schlägen und Stößen, die nur das unbestechliche Auge des meisterlichen Schiedsrichters als Tref-

Bewegungsabläufe im Kendo

fer oder Fehler ausmacht. Es ist ein faszinierendes Bild, das sich in der praktizierten Übung von Zen in Aktion darbietet, auch wenn man als Laie nur wenige der Rhythmen, Regeln und Rituale in ihrer heftigen Geschwindigkeit zu erfassen vermag. Wenn nach dem wie spielerisch geführten Waffengang bzw.-tanz und der respektvollen Verneigung der Partner diese wieder den Hocksitz am Boden einnehmen, ist es, als wäre nichts geschehen: „Bewegung und Ruhe, sie sind doch nichts als eine täuschende Zweiheit" – wie es an anderer Stelle in der Zen-Literatur heißt.

Nicht von ungefähr begegnet man auch gelegentlich Politikern, wie dem früheren Ministerpräsidenten Zenko Suzuki auf einem Photo in der traditionellen Übungskleidung mit dem Bambusschwert, oder erfährt über Makoto Tanabe, den seinerzeit 69jährigen Vorsitzenden der Sozialdemokratischen Partei Japans (SPDJ), daß er Meister des 5. Dan in Kendo ist. Als solcher und Schüler des damals 86jährigen Meisters Ogawa (9. Dan) entpuppte sich 1986 auch der freundliche Taxifahrer zum „Takuboku Dojo" des zu jener Zeit 91jährigen Zen-Meisters Tetsuo Kiichi Nagaya, und es gibt sicher noch viele Kendo-Meister ganz unterschiedlichen Bildungsstandes in Japan, die – bekannt oder unerkannt – Beispiele für die nach wie vor klassische und in Japan bis heute praktizierte und gelebte Weg-Kultur sind.

Kapitel 8
Judo, der Weg des Ringens

Wenn man im Zusammenhang mit Zen und Japan vom Ringen spricht, dann mag manch einer an die Abbildungen jener spärlich bekleideten Kolosse denken, deren 130 – 240 kg schwere Leiber im traditionellen Ring der Sumotori, dem erhöhten „Dojo" von vier Metern Durchmesser, markiert von Hanfseilen am Tatami-Boden, klatschend aufeinandertreffen, wie auch bei uns öfter im Sportprogramm des Fernsehens zu sehen ist.

Beim *Sumo* handelt es sich um ein durchaus eindrückliches Nationalschauspiel, das seit dem 18. Jh. nach dem immer gleichen Sumo-Ritual abläuft, das der in kostbarem Brokat – ähnlich einem Shinto-Priester – gekleidete Schiedsrichter überwacht. Aufstampfen im Ring vor dem eigentlichen Gang, Mundspülung aus der Bambuskelle, in den Ring geworfene Salz- oder Reisprise, das Zeigen der (waffenlosen) Handflächen, Händeklatschen, Schenkelklopfen und schließlich die tiefe Verbeugung aus der Spreizhocke, bis das Gesicht fast den Boden berührt: All das sind vorgeschriebene Teile des Rituals vor dem Kampf, der dann meist in Sekundenschnelle abläuft und wo jeder Kämpfer den Gegner mittels diverser zugelassener Griffe und Tritte auf den Boden oder aus dem Ring zu befördern sucht, wofür unschwer der ganze körperliche Einsatz von Kraft und Gewicht ausschlaggebend erscheint. Aber trotz rituellem Ablauf und großer Beliebtheit handelt es sich beim Sumo um eine Abart des Ringens, wie es für den klassischen und ästhetisch unvergleichlich höher stehenden Weg des Ringens mit Körper und Geist, Judo, steht, der sich mittlerweile auch bei uns im Westen großer Beliebtheit erfreut.

Betritt man etwa in Frankfurt das „Sport- und Fitness-Center Judokan", mittlerweile „Unio", wo sich junge und mittelalterliche Menschen mit Body-Building, Body-Shaping, Aerobic, Sauna und

Solarium, aber auch beim Karate, Taekwondo oder eben Judo, Jiu-Jitsu, Aikido und Yoga fit halten wollen, dann bleibt zunächst ein Eindruck reiner Leiblichkeit. Vom Geist und Stil des japanischen Dojo oder „Weg-Ortes" ist auf Anhieb wenig spürbar, was sich jedoch bald ändert im Gespräch mit Norbert Buhl, Träger des 3. Dan, der das Center betreibt und seit 30 Jahren deutsche Judoka in die Geheimnisse des Ringens einweist.

Persönlich eher unauffällig und bescheiden, berichtet er von seinen Erlebnissen in Japan, wo er fast vier Jahre zugebracht hat, nachdem er 1961/62 als Träger des 1. Dan mit schwarzem Gürtel Mitglied der deutschen Nationalmannschaft geworden war. Bei Meister Kotani im Kodokan und bei Meister Osawa an der Waseda-Universität (beide 8. Dan) lernte er die Arbeit an sich selbst, ohne die man den Judo-Weg nicht gehen kann, lernte er die körperliche und geistige Konzentration und Beweglichkeit, die er den Übenden vermitteln möchte, lernte er vor allem erkennen, wie eindrücklich sich bei fortgeschrittenen Japanern großes Können mit ausgeprägter Bescheidenheit verbindet. Auch wenn sich heute in der Wettkampf-Atmosphäre manches von dem ursprünglichen, mehr meditativen Weg-Charakter verloren haben mag – insbesondere seit Judo mit den Spielen von Tokyo 1964 olympische Disziplin geworden ist -, liegt ihm noch immer an der möglichst optimalen Entwicklung von Körper und Geist im Einklang bei sich und seinen Schülern. Diese sollte den Vorrang haben vor jeglicher Orientierung am Wettkampf, die natürlich für zukünftige Olympioniken im Vordergrund stehen mag und von deren Härte mancherlei blaue Flecken, Zerrungen oder auch Knochenbrüche nach dem Training zeugen.

Im Gegensatz zum Schwert oder Bambusstock des Kendo verfügt der waffenlose Weg des Judo nur über den eigenen Körper und dessen Kraft und Gewandtheit. Während die kriegerische Übung des Jiu-Jitsu zur Zeit der Samurai gelegentlich den Gebrauch von Waffen einbezog und insgesamt mehr auf die Anwendung von Technik und Geschicklichkeit (*Jitsu* = „Kunst" oder „Kunstgriff") ausgerichtet war, die die Schwäche des Gegners sucht und nutzt, dient der Weg des Judo der Kräftigung und Konzentration des Kämpfenden selbst. Begründet wurde Judo als eigener „Weg" im Jahre 1880 durch Professor Jigoro Kano, Gründer und Präsident des *Kodokan,* was soviel bedeutet wie „Schule zum Studium des Weges". Gemeint ist der Weg des Lebens überhaupt, mit einer besseren Bewältigung des Alltags und seiner Probleme, wofür das systematische Training von Körper und Geist in der schließlich möglichst vollkommenen Kontrolle über beides die Voraussetzung schafft – und wofür die meditative Vertiefung zu Anfang und Ende jeder Übung unabdingbar ist.

Ernst und aufrichtig, vorsichtig und aufmerksam entwickelt der Judoka mit der Zeit und aus verinnerlichter Haltung heraus einen hohen Grad von geistiger Gemütsruhe, die ihm im Wettkampf mit dem Gegner ebenso zustatten kommt wie mit den Widrigkeiten des Lebens und mit sich selbst. Neben Mut und Ausdauer zeichnen ihn Respekt, Freundlichkeit und Höflichkeit aus, die jeden Kampf und Übungsgang begleiten; trotz aller Anwendung zugelassener Griffe und Kniffe ist das gemeinsame Ziel, sich gegenseitig nicht zu verletzen – und neben den Techniken von Wurf *(Nage-waza),* Griff *(Katame-waza)* und Schlag *(Atemi-waza)* gehört chrakteristischerweise auch die Wiederbelebung (Ka*tsu) zu* den Künsten, die es zu beherrschen gilt! Ebenfalls Bestandteil der Schulung ist, daß der Lernende bei Anwendung entsprechender Griffe nur soviel Kraft einsetzt, wie für den jeweiligen Zweck zur Überwältigung des Gegners erforderlich ist – ohne das jugendliche Ungestüm des Übermaßes an roher Gewalt, die sich manchmal noch im Wettkampf zeigt und die sich mit zunehmender Gewandtheit immer mehr verfeinert, hoffentlich!

Die Kunst des Judo – selbst auf dem Weg olympischen Wettstreits – liegt also nicht so sehr darin, den Gegner zu schwächen oder durch großen Kraftaufwand zu besiegen. Der Judo-Kämpfer versucht vielmehr, durch Druck oder Zug, durch Nachgeben oder Ausweichen die Kraft des Gegners auszunutzen, um ihn dann überraschend zu „werfen" – weshalb „Fallenlernen" am Anfang aller Übungen steht. Dieser „sanfte Weg" fördert im besonderen Maße Selbstbeherrschung, Konzentration und Entschlußkraft. Die Harmonie der Bewegungen und die sportliche Haltung gegenüber dem Partner sind dabei auch für Judo als Sport ebenso wichtig wie die Entscheidung über Sieg oder Niederlage. Höflich begonnen und höflich beendet, ist ein Judo-Gang immer ein Kampf nach Regeln der Fairneß und der Freundschaft, unabhängig von seinem Ausgang im Einzelfall.

Wofür die Schulung im Judo sonst noch gut sein kann, zeigen gelegentliche Aufnahmen, beispielsweise im Fernsehen, des Judoka Wladimir Putin mit schwarzem Gürtel oder Berichte über William Hague, den Führer der konservativen Opposition in England. Zwar verfügt der 39jährige erst über den grünen Gürtel, doch hat er Blau und Braun zusammen mit politischen Zielen fest im Blick, bevor ihm dann – hoffentlich – auch der Schwarzgurt der ersten Meisterschaftsstufe winkt.

Kapitel 9

Karate-do und Taekwondo

Bei diesen beiden „Wegen" handelt es sich ebenfalls um waffenlose Kampfsportarten mit Wettkampfcharakter, die bei einem breiteren Publikum und insbesondere der Jugend große Beliebtheit erlangt haben. Dabei steht das japanische *Kara-Te* für „leere Hand" und das koreanische *Taekwon-Do* für den „Fuß-Faust-Weg", der mit den Spielen von Sydney 2000 ebenfalls olympische Weihen erlangte wie seinerzeit Judo 1964 in Tokio. In beiden Disziplinen werden seit längerem Welt- und Landesmeisterschaften ausgetragen, womit der kämpferische Aspekt des „Weges" stärker in den Vordergrund tritt. Treten und Schlagen, mit Füßen und Händen über drei Runden von je drei Minuten – das ist der olympische Taekwondo-Kampf, wobei Trefferzonen am Kopf, Bauch und Rumpf zählen, weshalb die Olympioniken einen Brustschutz tragen. Daß es dabei nicht zimperlich zugeht, konnte man in den Fernsehübertragungen der Olympiade 2000 von Sydney sehen. Und wenn dann in Zeitungsberichten zu lesen stand, daß dem netten Deutschen und gebürtigen Marokkaner Faissal Ebnoutalib mit der Silbermedaille zum Olympiasieg einfach der „Killerinstinkt" fehle, wird schon deutlich, wie weit sich auch dieser Wettkampf vom ursprünglich angestrebten Geist der Kunst der Selbstverteidigung entfernt hat. Dasselbe gilt von dem in manchen Berichten so genannten „groben Gerangel auf der Matte" des Judo, wo auch immer weniger Geistiges an Inhalt zu spüren ist.

Ähnliches kann man wohl in manchem Dojo der Karate-Übung feststellen, wo mittlerweile wesentlich mehr mit körperlichem Vollkontakt *(Kumite)* gearbeitet wird als mit dem fairen und kunstvollen „Scheinkampf" der *Kata*, bei dem der Schlag oder Stoß bewußt ganz kurz vor dem Ziel des gegnerischen Körpers endet. Auch diese Übung hat sich damit sehr weit vom *Do* („Weg") der alten Meister entfernt.

Einer der Großen von ihnen, Gichin Funakoshi, hatte dazu die folgenden 20 Leitsätze aufgestellt[22]:

1. Karate-do beginnt mit Respekt und endet mit Respekt.

2. Im Karate gibt es keinen ersten Angriff.

3. Karate ist ein Helfer der Gerechtigkeit.

4. Erkenne zuerst dich selbst, dann den anderen.

5. Intuition ist wichtiger als Technik.

6. Befreie deinen Geist.

7. Unglück geschieht immer durch Unachtsamkeit.

8. Denke nicht, daß Karate nur im Dojo stattfindet.

9. Karate üben heißt, ein Leben lang arbeiten. Darin gibt es keine Grenzen.

10. Verbinde dein alltägliches Leben mit Karate, dann wirst du geistige Reife erlangen.

11. Karate ist wie heißes Wasser, das abkühlt, wenn du es nicht ständig warmhältst.

12. Denke nicht ans Gewinnen, doch denke darüber nach, wie man nicht verliert.

13. Verändere ständig deine Verteidigung gegenüber deinen Feinden.

14. Der Kampf wird von deiner Fähigkeit bestimmt, mit Kyo (unbewacht) und Jitsu (bewacht) umzugehen.

15. Stell dir deine Hand und deinen Fuß als Schwert vor.

16. Wenn du den Ort verläßt, an dem du zu Hause bist, machst du dir viele Feinde.

17. Die Haltung des Anfängers muß frei sein von eigenen Urteilen, damit er später ein natürliches Verständnis gewinnt.

Abwehrtechniken im Karate

18. Die Kata darf nicht verändert werden, im Kampf jedoch gilt das Gegenteil.

19. Hart und weich, Spannung und Entspannung, langsam und schnell – alles verbunden durch die rechte Atmung.

20. Lebe die Vorschriften jeden Tag.

Die Bedeutung des Wortes *Taekwondo* gibt Auskunft über die wesentlichen Elemente dieser Kampfkunst. *Tae* bedeutet soviel wie „springen, stoßen und schlagen mit den Füßen", *Kwon,* wörtlich „Faust", meint alle Arm- und Handtechniken. *Do* ist wiederum der „Weg", dem alle fernöstlichen Budo-Sportarten verpflichtet sind. Darunter versteht man den Weg zur Konzentration der Seele, die Körper und Geist in eine Einheit bringen soll. Dahinter verbirgt sich die alte Einsicht, daß der Mensch nur in der Einheit von Körper, Seele und Geist seine ureigensten Möglichkeiten voll entfalten kann.

Kern aller Bemühungen auf dem Wege dahin ist die Kunst der Entspannung. Schon ein einfacher Fauststoß oder auch die Fußtechnik kann nicht gut ausgeführt werden, wenn sie nicht in der Bewegung zwischen An- und Entspannung erfolgt. Nur beim Auftreffen auf das Ziel werden möglichst alle Muskeln angespannt, damit die Energie voll übertragen werden kann und nicht wieder in den Körper zurückfließt. Danach erfolgt das blitzschnelle Zurückziehen der Gliedma-

Jang Hyuk (li.) in Taekwondo-Aktion mit Sebastian Schüz

ßen, was wiederum die Entspannung der Muskulatur voraussetzt. Dieser Wechsel von An- und Entspannung gelingt nur, wenn der Körper der Seele gehorcht und diese die Idee des Geistes unmittelbar zur Abbildung bringt. Ohne diese Einheit behindern die alltäglichen Gefühle, Ängste und Gedankenprozesse das blitzschnelle Agieren des Körpers und lähmen ihn.

Diesen Zusammenhang hat auch Jang Hyuk, Taekwondo-Nationaltrainer der Schweiz, Träger des 5. Dan und zweifacher Weltmeister (1989 und 1991) in jungen Jahren selbst entdecken müssen. Bereits als 11jähriger begann er mit dem Taekwondo-Training und zeichnete sich im Wettkampf bald durch besondere Fähigkeiten wie Beherrschung der Techniken, gute Reaktionsfähigkeit und Einfühlungsvermögen in den Gegner aus. So nahm er bereits als 17jähriger an nationalen Wettbewerben teil, mußte aber immer wieder mit dem zweiten Platz vorlieb nehmen. Immer wieder fragte er sich dann, weshalb er in den Finalkämpfen versagte. Er hatte Angst, sich dem Besten seiner Kategorie zu stellen, ihn nicht besiegen zu können oder verletzt zu werden. Angst lähmte seine technischen Fähigkeiten und seine Reaktionsschnelligkeit. Im nächsten Schritt versuchte er herauszufinden, wie er die Angst überwinden oder wenigstens mit ihr umgehen konnte. Jang erinnert sich:

„Ich lernte mich zu entspannen und mir die angsteinflößenden Situationen vorzustellen und ihnen mit ruhigem Atem zu begegnen. Jeden Morgen stand ich um 6:30 Uhr auf und versuchte mich zu entspannen. Dabei legte ich mich auf den Boden, schloß die Augen und atmete ruhig ein und aus. Ich versuchte meine Gedanken auf Wettkampfsituationen zu lenken, die mir Angst einflößen würden, oder auf schwierige Techniken, die ich im Training sehr gut beherrschte, in der Kampfsituation aber nicht. Die Imagination gelang mir aber nur zum Teil, weil mich immer wieder fremde Gedanken von der Konzentration ablenkten. Schließlich entdeckte ich, daß die Meditation sehr viel besser funktionierte, wenn ich mich in den Lotossitz setzte. Niemand hatte mir das gesagt, aber Korea hat eine jahrtausendelange Tradition des Meditation, wo es ‚San' genannt wird, was dem japanischen Zen entspricht. Ich setzte mich in den Lotossitz und merkte, daß in dieser Körperhaltung die Konzentration viel besser gelang. Die Gedanken waren leichter zu kontrollieren. Ich konnte meinen Atem verfolgen und die Angstsituationen bewältigen sowie die schwierigen Techniken imaginieren, immer und immer wieder. Angst blieb, aber ich kontrollierte sie bis zum Schluß. Schon nach sechs Monaten stellten sich die ersten Erfolge ein. Nur ein Jahr später gewann ich meinen ersten Weltmeistertitel. Zwei Jahre später errang ich ihn 1991 erneut in Athen. Die Angst vor jedem Kampf war zwar immer noch da, aber sie war nun unter Kontrolle."[23]

Ohne Meditation wäre es für Jang Hyuk nicht möglich gewesen, seine sportlichen Erfolge zu erringen. Als Trainer lehrt er daher seine Schülern die verschiedensten Methoden der Entspannung und Konzentration. Ziel der Meditation ist nicht nur die Überwindung der Angst, sondern auch das Erlernen schwieriger Techniken sowie die Bewältigung kritischer Situationen. Programme des Versagens können auf diese Weise mit Programmen des Erfolges gleichsam geistig „überschrieben" werden.

Ein anderes Beispiel ist der Taekwondo-Meister Yoon-Nam Seo, Inhaber des 9. Dan. In München lehrt er nicht nur Kampfsport, sondern auch die Kunst der Entspannung. In einem kürzlich veröffentlichen Interview berichtet er von seinem unglaublichen Tagesablauf:

„Ich stehe morgens um halb zwei Uhr auf. Dann mache ich Stretch-Übungen, esse etwas und lese meine Zeitung, anschließend gehe ich in den Park, dort mache ich eine kleine Wanderung, etwa acht Kilometer. Danach dehne ich mich nochmals. Auf einer Wiese fasse ich aus 150 m Entfernung einen Baum ins Visier, schließe die Augen und gehe auf ihn zu. Wenn mein Gleichgewicht und die Konzentration stimmen, komme ich genau vor ihm zum Stehen. Das kann auch Meditation sein."[24] Durch solche Übungen, die auch die „Lockerung" der inneren Organe zum Ziel haben, ist Seos Körper und Innenleben derart fit, daß er täglich nur noch zwei bis drei Stunden Schlaf benötigt.

Aikido, Kinomichi und Tai Chi Ch'uan, die Wege des sanftes Kampfes

Aikido, „Weg der Liebe und Energie" von Nagaya

Aikido wurde in der ersten Hälfte des 20. Jhs. in Japan von Morihei Ueshiba (1883 – 1969) als eine Art von schöpferischer Synthese aus den japanischen Kampfkünsten des Budo und meditativer Schulung im Stile des Zen entwickelt. Über die Essenz des Aikido sagt Kisshomaru Ueshiba, der Sohn des Gründers, daß es durch die ganze Person verwirklicht werden müsse: „Wenn wir es lediglich als eine spirituelle Angelegenheit nehmen, können wir in Dogmatismus und Abstraktion verfallen. Wenn wir es nur als eine Sache von Technik und physischer Leistung nehmen, begnügen wir uns mit einer verein- fachenden Erklärung motorischer Abläufe. Die Essenz umfaßt beides, sowohl das Spirituelle als auch das Physische, und letztlich müssen wir es von einem philosophischen und religiösen Standpunkt aus realisieren!"[25]

Das Zeichen *Ai* steht im Japanischen für „Liebe", *Ki* für den „Atem" oder die Kraft, Energie und *Do* wieder für den „Weg". Die direkte Übertragung steht also für einen Weg der Liebe und Energie, was auch in dem Untertitel „Atem, Bewegung und spirituelle Entwicklung" von Winfried Wagners Buch „Aikido und wir" zum Ausdruck kommt.

Der Verfasser, langjähriger Übender und Träger des 6. Dan, gibt dort in Wort und Bild eine grundlegende und eindrückliche Darstellung dieses sanften Kampfweges, den er selbst seit 30 Jahren geht und auf die sich die folgenden Ausführungen im wesentlichen stützen. Insbesondere sind ihm auch die Bildsequenzen in diesem Kapitel zu verdanken, die ihn in der jeweiligen Aktion des Aikido mit einem Partner zeigen. Dabei ist der von ihm vertretene Ansatz ein leiborientiertes, interaktionales und bewußtseinszentriertes Verständnis von Aikido, das in der praktizierten „Selbstaneignung" jenseits aller überlieferten Lehre und Gelehrsamkeit unmittelbar weitergegeben wird von Person zu Person, von „Herz zu Herz" *(Isshin-Denshin)*.

Mit den Worten von Meister Ueshiba: „Aikido ist eine Sache des Herzens ... Wenn man euch angreift, schließt den Gegner in euer Herz ... Wenn ihr ihn in euer Herz schließt, dann könnt ihr ihn den Weg führen. Die Techniken des Aikido sind nichts anderes als der sichtbare Ausdruck dieses Ins-Herz-Schließens, das seine Quelle in der Liebe hat."

Winfried Wagner selbst überschreibt ein Kapitel seines schönen Buches mit „Aikido ist eine Sache des Herzens" und gibt dort zusätzliche Erläuterungen zu den japanischen Begriffen *Shin* bzw. *Kokoro* für das Herz, das ursprünglich als „Organ der Zuneigung", später aber auch für „lebendiges Bewußtsein" als eine Art Lebensprinzip steht, welches Körper und Geist erfüllt und durchdringt – beseelt.

Aikido ist Begegnung, ist Bewegtsein von innerer Kraft, ist Begegnung in der Bewegung – was auch bedeutet, die eigene Bewegung mit der des Gegners oder Partners durch Einfühlung in Einklang zu bringen, wodurch Harmonie im Zusammenbewegen entsteht. „Aikido ist der Weg der Harmonie – der Harmonie mit sich selbst, mit dem Gegner, mit der Gesellschaft, mit dem Universum. Seine Technik ist die Resonanz von Körper und Geist in vollkommener, harmonischer Einheit", sagt Ueshiba dazu

Aikido ist auch „Auf-dem-Weg-Sein" – Unterwegssein hin zu unserem wahren Selbst oder Wesen, zur Entwicklung eines Bewußtseins von allzeitlicher Geistesgegenwart in unmittelbarer Sinnenhaftigkeit. Eine gelungene Bewegung in der Aikido-Dynamik ist dann Ausdruck unseres wahren Wesens und Verkörperung einer rechten Gesinnung, wenn aus der Überwindung einer am Ego orientierten Ichhaftigkeit eine gewisse Ich-Entbundenheit erkennbar wird: Zwei Personen gemeinsam können sich dann aus der Ruhe und Bewegung des einen Geistes in der Ganzheitlichkeit der einen Gestalt des Gestaltlosen bewegen und begegnen.

In der Umgebung von Karlfried Graf Dürckheim in Todtmoos-Rütte, wo auch Winfried Wagner einen Teil seiner Prägung erhielt, hatte solche Übung schon früh ihren Platz bei Maître Noro und Jacques

Maître Noro und Jacques Castermane

83

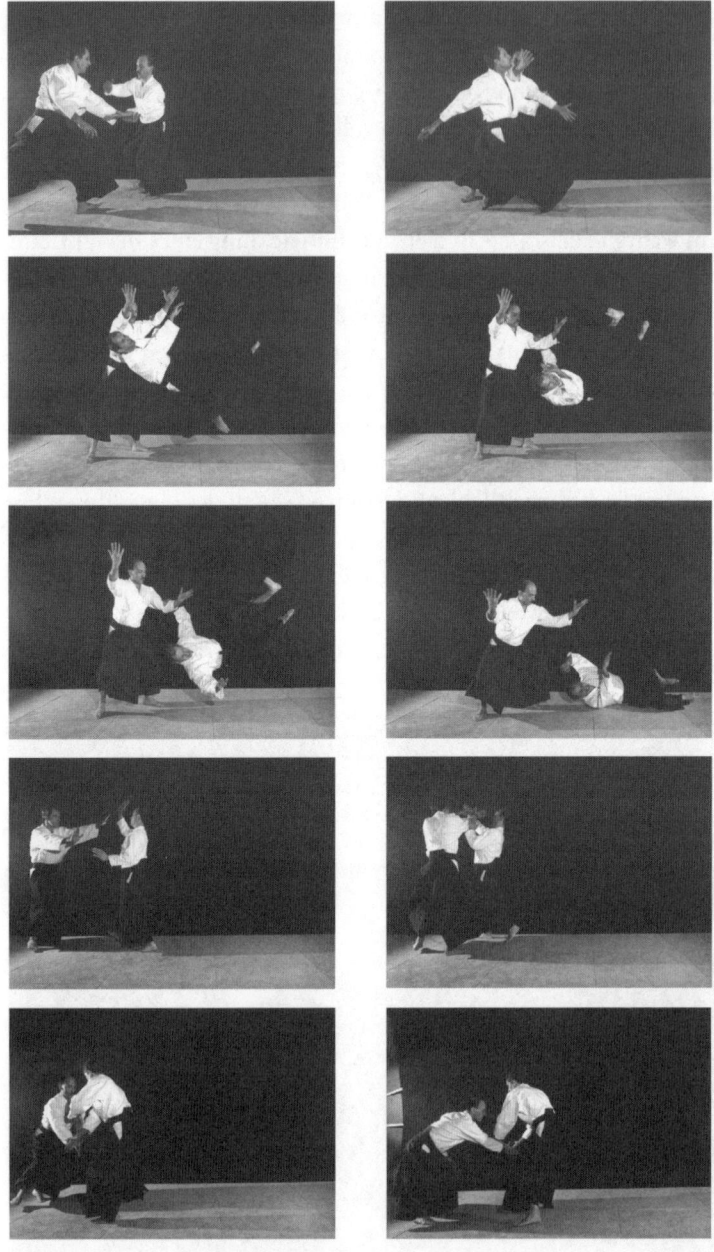

Bewegungsablauf im Aikido

Castermane, die in den siebziger Jahren ihren Schülern aus vollentwickeltem Hara heraus zum Erlebnis des Fallens aus der vollen Bewegung verhalfen. Daß dabei die Umlenkung des eigenen Schwunges aus dem provozierten Angriff in die weitergeführte und dadurch ins Leere bzw. auf dem Boden verlaufende Bewegung führt, wurde von Winfried Wagner und seinen Partnern zuletzt wieder bei der Tagung des Rütte-Forums in Todtmoos im September 2000 eindrücklich vorgeführt, was auch die hier wiedergegebenen Bildfolgen zu dokumentieren vermögen.

Zusammenfassend läßt sich über Aikido mit den Worten von Mitsugi Saotome, einem Schüler Ueshibas, Folgendes sagen:

„Aikido ist kein Sport. Es ist eine Disziplin, ein erzieherischer Prozeß für das Training von Seele, Körper und Geist. Die körperliche Technik ist nicht der wahre Gegenstand des Aikido, sondern ein Werkzeug zur persönlichen Läuterung und spirituellen Entwicklung."

Von dem in diesem Kapitel bereits mehrfach erwähnten Maître Masamichi Noro, der in Paris lebt und lehrt, stammt eine konsequente Fortentwicklung des wenngleich sanften, aber doch noch kämpferischen Aikido-Weges. Überzeugt von der Notwendigkeit friedlicher Übungen für eine friedlichere Welt, wurde bei ihm aus dem sanften

Umgang mit der etwa noch vorhandenen Aggression des Aikido das *Kinomichi,* das keinerlei Angriff mehr kennt. Exakte, ausgewogene und vollkommen harmonisch gestaltete Körperbewegungen der Beteiligten führen zu einem fast tänzerischen Ablauf, in den zwar der beherrschte Körper voll eingebracht wird, der jedoch keinen Gegner mehr zu besiegen braucht. Rückkehr zur Harmonie des Uranfänglichen, Natürlichen und Integration des Energieflusses ist das Ziel von Kinomichi, das sich als „Lebenskunst des 21. Jahrhunderts" versteht.

Tai Chi Ch'uan ist ein traditionelles chinesisches System von Übungen, das auf der Philosophie des Tao, dem Yin und Yang beruht. Als Begründer des Tai Chi Ch'uan gilt der General Chen Wanting (1600 – 1680), der zu seiner Zeit in der Kriegskunst hochbewandert war. Später waren es Meister wie Wu Yuxiang (1812 – 1880) und Yang Luchan (1799 – 1872), die mit der Lehre des Tai Chi Ch'uan, der „Faust des höchsten Einen", berühmt wurden. Dabei hatte es Yang Luchan als Diener im Hause Chen Changxings nicht leicht, neben seiner gewissenhaft verrichteten Arbeit nur durch Zuschauen beim Training – zu dem er selbst nicht zugelassen war – so viel zu lernen, daß er schließ-

Tai Chi, Foto: Gerd George

lich auch dem Hausherrn auffiel und dieser ihn entgegen der Etikette als Schüler annahm und zur Meisterschaft führte.

Als Kampfkunst zum Schutz gegen Feinde von außen wie auch zur Stärkung und Gesundung des eigenen Selbst nach innen entwickelt, beinhaltet das System sowohl weiche, langsame als auch kraftvolle, explosive Bewegungen. Dazu gehörten auch geführte Formen des Zweikampfes, deren kämpferischer Aspekt heute oft entfallen ist.

Einst als subtile Kampfkunst entwickelt und im Westen auch „Schattenboxen" *(Chuan* = „Faust") genannt, wird Tai Chi heute weniger zur Selbstverteidigung, sondern mehr als meditative Bewegung zur ganzheitlichen Erfahrung von Körper und Geist um der physischen und psychischen Kraft und Gesundheit willen geübt. Dem dienen fließende, harmonische Bewegungsabläufe, die auf langsame Weise und ohne erkennbare äußere Anstrengung ausgeführt werden. Das Ideal der Gesundheit bei Tai Chi ist die Harmonie aller zusammenwirkenden Kräfte von Körper, Geist und Seele im Menschen.

„Wenn wir den Geist in unserem Innern behüten, wie könnte dann Krankheit einen Weg zu uns finden?" formulierte schon Ki-Po, der Hofarzt des Gelben Kaisers. Ein anderes altes Wort aus China besagt, daß alle Krankheit von der Wirbelsäule kommt. Die aufrechte Haltung gehört zum Bauplan des Menschen und damit auch zur klassischen Praxis des Zen, insbesondere in der Übung des ZaZen. „Als ob man einen Stock verschluckt habe", sagt man dazu in China. „Nicht vorstellen, nicht erwarten, sondern warten" – das ist die Haltung des Tai Chi, ganz ähnlich der von Meister Dogen nach seiner China-Reise in Japan empfohlenen Haltung (siehe dazu auch Kapitel 4). Gesundheit, Geduld und Gelassenheit gehören unauflöslich zusammen und sind notwendige Voraussetzungen zur Entwicklung der eigenen Kräfte und Fähigkeiten. Zentrierung, Verwurzelung in der eigenen Mitte wie mit dem Boden und damit der Erdmitte, führen zum Einssein mit sich selbst und allem, woraus die Unerschütterbarkeit von Bewegung und Ruhe im polaren Sein zwischen Himmel und Erde entsteht.

Wirklichen Nutzen aus der Übung des Tai Chi kann man wohl nur dann ziehen, wenn man sich die philosophisch-meditative Perspektive des prozeßorientierten Yin/Yang-Prinzips zu eigen macht.

Diese taoistische Philosophie zeichnet sich durch einsichtige Wirklichkeitsbezogenheit und Toleranz aus und blickt in China auf eine jahrtausendealte Tradition und Geschichte zurück. *Tai-Chi* heißt ursprünglich der Firstbalken, der das Dach trägt, wie auch im *I Ging*, dem Buch der Wandlungen, unter Nr. 28, *Da Go* = „Des Großen Übergewicht", nachzulesen ist.

Als philosophischer Begriff entspricht *Tai-Chi* dem höchsten Gesetz oder *Tao* (jap. *Do,* der „Weg") des Laotse und seinem „Buch vom Weg und seiner Kraft", dem *Tao te king.* Zur praktischen Übung gibt es auch in Deutschland mittlerweile qualifizierte Lehrer, wie hier im Bild dargestellt[26].

Kyudo, der Weg des Bogenschießens

Für den westlichen Menschen ist „Zen in der Kunst des Bogenschießens" vielleicht eine der eindrücklichsten Weisen, wie dieser geistige
Weg Ausdruck und gelebte Gestalt gewinnt. Dies gilt schon seit dem
einfühlsamen und mittlerweile klassischen Bericht des deutschen
Gelehrten Eugen Herrigel von 1930 unter diesem Titel[27], mit dem er
über seinen fast sechsjährigen Übungsweg bei Meister Kenzo Awa in
Japan berichtet. Auch Karlfried Graf Dürckheim schilderte seine Er-
fahrungen im Japan des Zweiten Weltkriegs und bei Meister Kenran
Umeji, bevor in den letzten Jahren vermehrt und in verschiedenen
Medien in Wort und Bild von Kyudo berichtet wurde.

In Deutschland war es wohl vor allem Feliks Hoff, der 1969 mit
der Gründung der ersten Kyudo-Schule in Hamburg für Bekanntheit
und Verbreitung der Bogenkunst sorgte, in der ihm hierzulande mittlerweile etwa 750 Schüler folgen. Gegenüber einer halben Million
Kyudoka in Japan ist das zwar noch eine vergleichsweise kleine Zahl,
doch tragen zur größeren Bekanntheit dieser eindrücklichen Übung
solche Veranstaltungen wie das Erste Internationale Kyudo-Symposium im August 1994 in Hamburg bei. Dort gab unter anderem auch
der persönliche Lehrer von Hoff aus Japan, Genshiro Inagaki (Jahr-
gang 1910, 9. Dan Hanshi), neben anderen Meistern und Schülern
eine öffentliche Demonstration seiner Kunst.

Feliks Hoff selbst, Träger des 6. Dan und mehrfacher Deutscher
und Europäischer Meister, gibt in dem vom Deutschen Kyudo-Bund
im Oktober 1995 veröffentlichten Bericht über dieses Symposium
einen kritischen Einblick in sein Denken und Üben unter der Überschrift „Herrigel und die Folgen". Womit er sich unter diesem – laut
eigener Aussage ursprünglich nur flott formulierten – Arbeitstitel aus-
einandersetzt, ist insbesondere die „mystifizierende" Darstellung Herri-

gels, für die allerdings eine große Zahl von immer neuen Auflagen und Übersetzungen, auch in die japanische Sprache, spricht. Auch wenn Hoff selbst eher westlich skeptisch-rational und mehr pragmatisch am Sport bzw. Wettkampf orientiert argumentiert, zitiert er doch auch die Broschüre der Japan Air Lines (JAL 1982), in der Kyudo als „Arrows of pure spirit" wie folgt beschrieben wird:

„Kyudo hat mehr als andere Kampfsportarten ein extrem enges Verhältnis zum Zen. Da die größte Bedeutung auf dem Ritual vor dem Abschuß des Pfeils liegt – ein Ritual, das auf die Beruhigung des Gemüts und darauf gerichtet ist, den Pfeil durch die Kraft des Willens ins Ziel zu bringen -, kommt der intensiven Meditation größere Bedeutung zu als den physischen Aspekten."

Gerade dies meint man auch zu erkennen auf dem hier abgebildeten Plakat der Japan Air Lines, das einen alten Bogenmeister gemeinsam mit einer jungen Schülerin in Schußposition vor dem Hintergrund des Bambuswaldes zeigt: bildgewordene Harmonie und scheinbare Unbewegtheit im Zustand offensichtlich höchster Anspannung direkt vor dem Schuß, der sich jedoch fast wie von selbst lösen wird: „Wie Schnee, der vom Bambusblatt abrutscht, so fällt der Schuß vom Schützen ab, noch ehe er es gedacht hat". Wie die Bogenmeister sagen: Mit dem oberen Ende des Bogens durchstößt der Bogenschütze den Himmel, während am unteren Ende – mit einem Seidenfaden befestigt – die Erde hängt. Wird der Schuß nicht geschmeidig, sondern mit starkem Ruck gelöst, so besteht die Gefahr, daß der Faden reißt – und der Schütze Himmel und Erde verlöre. Für den Absichtsvollen und Gewalttätigen wird dann die Kluft endgültig, und der Mensch verbleibt in der heillosen Mitte zwischen Himmel und Erde – die nur er selbst in gewaltloser Kraft und absichtslosem Gespanntsein existentiell zu bewältigen vermag.

Für das wache und weiter wachsende Interesse am Zen-Weg der Bogen-Kunst spricht auch die erste Reise nach Europa, zu der 1986 Kanjuro Shibata (XX.) kam, Bogenmeister des kaiserlichen Hofes und zugleich kaiserlicher Bogenmacher in der zwanzigsten Generation, wo sich 400 Jahre vererbter Familientradition versammeln und inzwischen vom Sohn (XXI.) weitergegeben werden.

„Meisterschaft im Bogenschießen"

Kyudo-Wettbewerb im Meiji-Shrine in Tokyo

Beim Kyudo, dem Bogen-Weg und seiner Übung, geht es nicht nur darum, im Wettbewerb mit anderen eine möglichst große Zahl von Treffern zu erzielen. Der wichtigste Wettbewerb ist vielmehr der mit sich selbst, der idealerweise dazu führt, daß der Schütze sein Ich völlig vergißt und ganz in dem rituell vorgeschriebenen Ablauf der Bewegung aufgeht, bis „Es" schließlich schießt. Nicht mehr er hat den Schuß gelöst, sondern dieser fiel wie von selbst – Schütze und Scheibe, Pfeil und Bogen sind untrennbar Teil einer einzigen Wirklichkeit, die sich jenseits der beherrschten Technik manifestiert im

92

gemessenen Ablauf der „kunstlosen Kunst", die aus dem Einen kommt und in das Eine führt.

Natürlich geht dem voraus die bedingungslose, unbedingte Beherrschung der Form und der Technik – geübt in den ersten beiden Jahren meist nur mit Griffstück und Gummizug in der Simulation der Spannung des Bogens, der als Instrument erst sehr viel später in die Hände des Übenden gelangt. Und auch dann noch schießt er für Jahre aus nächster Nähe auf die Tonne aus Stroh, die erst spät der Scheibe in 28 oder dann 60 Meter Entfernung weicht. Einüben, Wiederholen und

Prof. G. Inagaki, 9. Dan Kyudo Hanshi (Zeremonie anläßlich der Dojo-Eröffnung in Hamburg, 1984)

Wiederholung des Wiederholten sind auf weite Strecken die Kennzeichen des Unterrichts – im Kyudo wie in allen traditionsgebundenen Zen-Künsten. Vorführen, Vorbilden – Sicheinfühlen, Nachahmen, das sind die fundamentalen Relationen der Unterweisung vom Meister zum Schüler, die eine Konzentration aller körperlichen und seelischen Kräfte verlangt. Aber selbst wo der Ablauf der Schritte, Griffe und Stellungen, das Können in der Bewegung ein müheloses Stadium erreicht haben mag, ist es noch weit bis zur echten Meisterschaft. Für diese sind Absichtslosigkeit, Ichlosigkeit und meditative Versunkenheit bei gleichzeitig absoluter Geistesgegenwart erforderlich – der allgemeinen Übung des ZaZen entsprechend, die sich gelöst hat von dem Hin und Her zwischen Lust und Unlust, gelöst auch vom Meister und seiner kundigen Führung – gelöst schließlich vor allem von sich selbst und jedem eigenen Wollen.

Wahrlich, ein weiter Weg ist damit verbunden – und nur des Schweißes derer wert, die ihn bedingungslos als den ihren erwählt, zu ihrem Sein und Nichtsein gemacht haben. Herrigel berichtet, daß er seinerzeit die härteste Schule seines Lebens durchgemacht habe, bis er schließlich die Prüfung des Meisters bestand: „Jetzt eben ist die Bogensehne mitten durch Sie hindurchgegangen".

Wie es im Kendo nicht auf Sieg oder Niederlage ankommt, so im Kyudo nicht auf die Zahl der Treffer. „Wenn dein Bogen zerbrochen ist und deine Pfeile verschossen sind, dann schieße mit deinem ganzen Selbst", heißt es im Zen und meint die kunstlose Kunst, ohne Bogen und Pfeil die Mitte zu treffen. Ganz konkret werden aber viele Geschichten berichtet von meisterlichen Treffern etwa in den Docht einer Kerze im dunklen Raum oder vom zweiten Pfeil, der den Schaft des ersten im Ziele spaltete – und dies alles, während der Meister im Schuß den Blick gar nicht dem äußeren Ziele zugewandt hatte, sondern unter gesenkten Lidern erkennbar nach innen gerichtet hielt, von wo „Es" stattfindet in Ausgang und Eingang.

Solche Meisterschaft findet sichtbaren Ausdruck in den Abbildungen der Meister, wie beispielsweise Koun Suhara vom Enkakuji in Kamakura, der selbst auf dem Foto mit Pfeil und Bogen eins geworden zu sein scheint. Darum ringen die Schüler noch, denen man bei der sonntäglichen Übung im disziplinierten Ritual in der Kyudo-Halle des Tempels gelegentlich zuschauen kann.

Dies erklärt, warum Kenzo Awa von Herrigel beim Abschied aus Japan – wozu er ihm seinen besten Bogen schenkte – als Bericht über seine zukünftigen Fortschritte nur ein gelegentliches Foto verlangte, aus dem er sehen könne, wie er den Bogen spanne. Mehr noch als auf den anderen Zen-Wegen ist gerade im Kyudo der körperliche Ausdruck absolut untrügliches Zeichen der Stufe der Meisterschaft. So überrascht auch nicht der Bericht von jenem Wettkampf, bei dem schließlich der ganz große, alte Meister angekündigt wird, der schon gebeugt mit weißem Bart und Haar herzutritt und das Schießritual durchführt. Zwar fällt der Pfeil noch vor dem Ziel zu Boden, doch berührt von der Ausstrahlung des Meisters und seiner Handlung fallen gleichzeitig eine ganze Reihe der Zuschauer dadurch in einen Zustand des tiefen Samadhi. Mit den Worten einer Legende aus dem alten China: „Solange man noch Bogen und Pfeil braucht, ist man noch an der Außengrenze der Kunst. Wahre Bogenkunst befreit einen von Bogen und Pfeil."

Diese Legende, die „Geschichte um den größten Bogenmeister aller Zeiten", wurde auch gerne von Professor Fritz Hungerleider im Rahmen seiner Sesshin erzählt oder auch einmal im Schulfunk zur Prosa und Lyrik des Fernen Ostens zum besten gegeben. Sie soll dieses Kapitel über „Zen in der Kunst des Bogenschießens" und damit auch die Abschnitte über die Wege der verschiedenen Kampfkünste beschließen:

In Hantan, der Hauptstadt der alten chinesischen Provinz Chao, lebte einst ein Mann namens Chi Chang, der der größte Bogenschütze der Welt werden wollte. Nach vielen Umfragen war er sicher, daß es keinen besseren Lehrer als Wei Fei geben könne. Es wurde ihm berichtet, daß die Kenntnisse dieses Meisters so groß waren, daß er einen ganzen Köcher von Pfeilen in ein einziges Weidenblatt schießen konnte, das sich hundert Schritt weit entfernt befand.

Also reiste Chi Chang in die ferne Provinz und wurde Wei Feis Jünger. Zuerst wurde er belehrt, sich darin zu üben, niemals zu blinzeln. Chi Chang kehrte nach Hause zurück, und sobald er sein Haus betreten hatte, kroch er unter den Webstuhl seiner Frau und legte sich auf seinen Rücken. Sein Plan war nun der, ohne zu blinzeln auf das Trittbrett zu starren, wie es sich unmittelbar vor seinen Augen auf- und abbewegte. Seine Frau war nicht wenig erstaunt, ihn in dieser Haltung zu finden und sagte ihm, sie könne nicht weben, wenn ein Mann sie aus diesem Blickwinkel her anstarre – auch dann nicht, wenn es sich um ihren eigenen Gatten handle. Aber es blieb ihr nichts übrig: sie mußte ihn gewähren lassen.

Tag um Tag nahm Chi Chang seine seltsame Lage ein und übte Anstarren. Nach zwei Jahren war er soweit, daß er nicht einmal dann blinzelte, wenn sich eines seiner Augenlider im Pedal verfing. Er hatte seine Augenmuskeln so sehr in seiner Gewalt, daß er auch bei weitgeöffneten Augen schlief. Als er eines Tages vor sich hinstarrte, wob eine kleine Spinne zwischen den Lidern ihr Netz. Er stellte sich seinem Meister nun neuerlich vor.

„Nicht zu zwinkern ist nur der erste Schritt", sagte Wei Fei. „Jetzt mußt du sehen lernen. Du mußt dich üben, Dinge so zu betrachten, daß du Unbedeutendes als bedeutend, Kleines als groß ansiehst, dann besuche mich wieder." Chi kehrte wieder heim. Er ging in seinen Garten und suchte nach einem kleinen Insekt; das setzte er auf einen Grashalm und befestigte diesen am Fenster seiner Studierkammer. Er bezog nun am Ende seines Zimmers Posten und starrte täglich das Insekt an. Zuerst konnte er es kaum wahrnehmen, aber nach zehn Tagen kam es ihm schon etwas größer vor. Zu Ende des dritten Monats schien es die Größe einer Seidenraupe bekommen zu haben. Während Chi das Insekt anstarrte, merkte er gar nicht, daß die Jahreszeiten wechselten. Nichts existierte für ihn als das kleine Tier auf dem Grashalm. Wann immer ein Insekt starb, hatte sein Diener den Auftrag, ihm ein gleich winziges zu bringen. In seinen Augen aber wurde es immer größer.

Drei Jahre hindurch verließ er nie seine Studierstube. Eines Tages erschien ihm das Insekt so groß wie ein Pferd. Da verließ er eilends das Haus. Er konnte kaum seinen Augen trauen: Pferde schienen so groß wie Berge, Schweine wie große Hügel und Hühner wie Schloßtürme zu sein. Außer sich vor Freude rannte er zurück, und sogleich kerbte er einen dünnen Shuo-Peng-Pfeil auf einen Schwalbenbogen.

Er nahm Ziel und schoß dem Insekt mitten ins Herz, ohne den Grashalm, auf dem es saß, auch nur zu berühren. Sofort berichtete er Wei Fei davon. Dieser schien nun auch beeindruckt und sagte nur: „Gut so!"

Fünf Jahre waren verstrichen, seit Chi sich in die Mysterien des Bogenschießens vertieft hatte. Kein Kunstbogenschießen schien nun mehr unter seinen Fähigkeiten zu liegen. Um sich selbst zu bestätigen, stellte er sich eine Anzahl von Aufgaben, ehe er heimkehrte. Zuerst entschloß er sich, mit der Geschicklichkeit Wei Feis zu wetteifern, und es gelang ihm, in einer Entfernung von hundert Schritt jeden Pfeil durch ein Weidenblatt zu schießen. Einige Tage danach unternahm er die gleiche Aufgabe, diesmal aber nahm er den schwersten Bogen und balancierte gleichzeitig auf seinem rechten Ellbogen ein Gefäß, das bis zum Rande mit Wasser gefüllt war. Nicht einen Tropfen vergoß er, und wieder traf jeder Pfeil das Ziel.

Die Woche darauf nahm er hundert leichte Pfeile und schoß sie rasch hintereinander auf das ferne Ziel. Der erste traf ins Schwarze; der zweite durchbohrte den ersten Pfeil bis zur Kerbe; der dritte Pfeil nahm seinen Platz in der Kerbe des zweiten ein; und so ging es fort, bis plötzlich alle hundert Pfeile in einer einzigen Geraden zusammengefügt waren, die vom Ziel bis zum Bogen führte. Selbst Meister Wei Fei, der ihn von der Seite beobachtet hatte, mußte ihm sein „Bravo!" zurufen.

Als Chi endlich nach zwei Monaten nach Hause kam, empfing ihn seine Frau fluchend, weil er sie so lange vernachlässigt hatte. Um sie von ihrem zänkischen Wesen zu heilen, nahm er schnell einen Chi-Wei-Pfeil und legte ihn auf einen Rabenbogen, zog die Sehne soweit es nur ging durch und schoß gerade oberhalb ihres Auges. Der Pfeil nahm ihr drei Wimpern weg, aber die Geschwindigkeit war so groß und so sicher das Ziel, daß sie es nicht einmal bemerkte und fortfuhr, ihren Mann auszuzanken.

Chi Chang aber konnte von Wei Fei nichts mehr lernen. Solange der Meister jedoch noch lebte, konnte sich Chi nicht als größter Bogenschütze bezeichnen. Obwohl er sich ihm in der Kunst ebenbürtig wußte, konnte er ihn doch nicht übertreffen. Als er eines Tages durch die Felder ging, sah Chi den Wei in weiter Ferne. Ohne Zögern hob er den Bogen an, legte einen Pfeil darauf und nahm Ziel. Sein alter Meister erkannte in Gedankenschnelle, was da vor sich ging, und legte ebenfalls einen Pfeil auf seinen Bogen. Beide schossen gleichzeitig. Auf halbem Weg trafen sich die beiden Pfeile und fielen zu Boden. Chi schoß zwar sogleich einen zweiten Pfeil ab, aber auch dieser wurde von einem neuen Pfeil des Wei getroffen. Dieses seltsame Duell dauerte so lange, bis der Köcher des Meisters leer war. Dem Schüler aber verblieb noch ein Pfeil.

„Jetzt habe ich meine Chance", murmelte Chi und zielte sogleich. Als er das sah, brach Wei einen Zweig von einem Weißdornbusch neben ihm. Als der Pfeil nahe seines Kopfes pfiff, hieb er stark mit der Spitze des Dorns auf die Pfeilspitze und brachte ihn damit zu Boden. Als er sah, daß sein übles Vorhaben durchkreuzt war, bekam Chi Gewissensbisse. Wei Fei jedoch war so glücklich, dem Unheil entgangen zu sein und so zufrieden mit dem letzten Beispiel seiner Virtuosität, daß er auf den Beinahe-Meuchelmörder gar nicht böse war. Beide rannten unter Tränen der Liebe aufeinander zu.

Aber während Wei seinen dickköpfigen Schüler verzeihend umarmte, dachte er daran, daß sein Leben eines Tages wieder gefährdet sein könnte. Die einzige Möglichkeit, der ständigen Bedrohung zu entgehen, bestand darin, Chis Geist durch ein neues Ziel abzulenken. „Mein Freund", sagte er, „wie du selbst merkst, habe ich dir alle meine Kenntnisse im Bogenschießen übermittelt. Wenn du dich in diesen Mysterien weiter vertiefen willst, überquere den hohen Ta Hsing Paß und klettere auf die Bergspitze Ho. Dort kannst du den bejahrten Meister Kan Ying treffen, der in der Kunst des Bogenschießens in keinem Zeitalter seinesgleichen hat. Mit seiner Kunst verglichen ist unser Bogenschießen nur ein dummes Kinderspiel. Wenn er noch unter den Lebenden weilt, suche ihn auf und werde sein Schüler."

Chi reiste sogleich nach Westen. War er tatsächlich noch so weit entfernt vom Ziel? Nach einem Monat erreichte er die Bergspitze Ho und brach heftig in die Wohnhöhle Kan Yings ein. Dieser war ein sehr alter Mann, mit Augen so gütig wie von einem Schaf. Sein Rücken gebeugt, zog er seine weißen Haare hinter sich her. Da er dachte, daß ein so uralter Mann auch taub sein müsse, verkündete Chi brüllend:

„Ich bin hierhergekommen, um ausfindig zu machen, ob ich tatsächlich ein so großer Schütze bin, wie ich mir das denke!"

Ohne auch nur eine Antwort abzuwarten, nahm er seinen großen Pappelbogen, legte einen Tsu-Chi-Pfeil darauf und zielte auf einen Schwarm fliegender Vögel, die hoch über ihren Köpfen dahinzogen. Sogleich kamen fünf Vögel, von dem einen Pfeil getroffen, herunter.

Der Alte lächelte geduldig und sagte: „Aber, lieber Herr, das war doch nur mit Bogen-und-Pfeil-Schießen. Habt Ihr denn nicht Schießen ohne Schießen gelernt? Erlaubt mir nun, Herr, Euch zu zeigen, worin die Bogenkunst wirklich besteht."

Chi bemerkte, daß der Meister nichts in Händen hielt. „Ja, aber euer Bogen?" fragte er. „Mein Bogen?" fragte lachend der alte Mann. „Solange man noch Bogen und Pfeil braucht, ist man noch an der Außengrenze der Kunst. Wahre Bogenkunst befreit einen von Bogen und Pfeil." Gerade über ihren Häuptern tummelte sich ein einsamer Falke. Der Eremit sah zu ihm hinauf und legte einen unsichtbaren Pfeil auf einen körperlosen Bogen auf, zog die Sehne durch und ließ los. Im nächsten Augenblick hörte der Falke mit seinem Flügelschlag auf und fiel wie ein Stein zu Boden.

Chi war entgeistert. Er fühlte zum ersten Mal die Grenzen einer Kunst, die er so gerne meistern wollte. – Neun Jahre blieb er auf dem Berge. Niemand erfuhr jemals, welchen Übungen er sich damals unterzog. Als er nach Hause zurückkehrte, waren alle erstaunt über die Verwandlung, die mit ihm vorgegangen war. Sein ehemals arrogantes Verhalten war verschwunden. Die Bewohner von Hantan priesen Chi Chang als den größten Bogenschützen des Landes und erwarteten ungeduldig das große Fest, das unweigerlich bald stattfinden würde. Aber Chi tat nichts, um ihre Erwartungen zu befriedigen. Nicht ein einziges Mal mehr nahm er Bogen oder Pfeil zur Hand. Wenn man ihn ersuchte, die Dinge zu erklären, sagte er in müdem Ton: „Die letzte Stufe der Aktivität ist die Nicht-Aktivität. Das letzte im Schießen ist das Nicht-Schießen." Immer mehr einsichtsvolle Bürger begannen ihn zu verstehen und standen ehrfürchtig vor dem großen Bogenschützen, der es ablehnte, einen Bogen auch nur zu berühren.

Während sein Ruhm bis zu den Wolken drang, wurde Chi alt. Vierzig Jahre, nachdem er vom Berge heruntergekommen war, verließ er friedlich diese Welt. Während all der Jahre hatte er niemals mehr den Gegenstand der Bogenkunst erwähnt. Noch aus seinem letzten Lebensjahr wird die Geschichte berichtet, daß er eines Tages das Haus eines Freundes besucht habe und dort auf einem Tisch ein ziemlich gewöhnliches Ding liegen sah, ohne sich daran zu erinnern, was es war. Schließlich fragte er seinen Freund: „Bitte, mein Lieber, sage mir doch, wie nennt man gleich dieses Ding da, und wozu dient es?" Sein Gastgeber lachte laut auf, als ob Chi einen guten Witz gemacht hätte; doch der alte Mann bestürmte ihn von neuem. Dieser lachte wieder, wenn auch schon etwas unsicher. Als er ein drittes Mal befragt wurde, wurde der Gesichtsausdruck seines Freundes bestürzt. Er starrte gespannt auf Chi Chang, und nachdem er ganz sicher war, daß er recht gehört hatte und daß der alte Mann weder verrückt war noch im Scherz gesprochen hatte, stammelte er in ehrfürchtigem Tone: „Oh, Meister, du mußt tatsächlich der größte Bogenmeister aller Zeiten sein. Nur so konnte es geschehen, daß du den Bogen vergessen konntest – seinen Namen und seine Verwendung."

Es wird berichtet, daß nach diesem Ereignis in der Stadt Hantan die Maler ihre Pinsel wegwarfen, die Musiker die Saiten ihrer Instrumente zerrissen und die Schreiner sich ihrer Maßstäbe schämten.

Kapitel 12
Zen in den Wegen der schönen Künste

In einem Vortrag, der am 19. Mai 1958 an der Universität Freiburg/
Breisgau unter dem Titel „Kunst und Kunstwerke im Zen-Buddhismus"[28] gehalten wurde, beschreibt Hoseki Shinichi Hisamatsu die sieben Wesenszüge, die als die grundlegenden Merkmale der Zen-Kultur gelten. Bevor die Wege der schönen und friedlichen Künste des
Zen in ihrer Darstellung und Ausprägung im einzelnen zu Wort und
Gestalt kommen, sollen deshalb diese sieben Punkte vorangestellt werden, die Hisamatsu dann nachfolgend erläutert:

1. Unebenmäßigkeit oder Asymmetrie
2. Schlichtheit oder Einfachheit
3. hehre oder herbe Würde oder Strenge
4. Natürlichkeit
5. unergründliche Tief- und Feinsinnigkeit
6. entweltlichte Freiheit des Nicht-Anhaftens in Unbefangenheit
7. Stille in gelassener Ruhe

1. Unebenmäßigkeit (fukinsei) oder Asymmetrie
Solche „Unebenmäßigkeit" erscheint erst dort, wo eine Kunst nicht
mehr in Regelmäßigkeit und Streben nach symmetrischem Gleich-
maß befangen bleibt, sondern über diese gesetzmäßigen Merkmale
hinausgeht. Diese Unebenmäßigkeit zeugt von einer eigentümlichen
Schönheit mit dem Reiz des Gebrochenen, Verzogenen und Ausge-
fallenen. Solche Schönheit beruht auf einem typischen Charakteristikum des Zen selbst, das seit Bodhidharma „Nichts von heilig" hat
oder hält und wo das Gesetz ohne Gesetz die Gestalt des Gestaltlosen
bestimmt.

2. Schlichtheit (kanso)
Solche Schlichtheit besteht in der Einfachheit, die ohne Weitschweifigkeit und Kompliziertheit in Ausdruck und Darstellung ist. Sie ist eine äußerst gediegene, unbefangene und einfache Schönheit, die einfach so ist, wie sie ist. Der Ursprung solch schlichter Schönheit ist von offener und weiträumiger Kargheit, die aus dem Einen kommt, in das – nach dem Koan – alle Dinge zurückkehren. Komplexes und Kompliziertheit sind nicht ihr Ding, das sich eher in der Nicht-Dinglichkeit von allem Anfang an manifestiert.

3. Herbe Würde (koko) oder Strenge
Die herbe Würde, deren Züge eher alt und abgeklärt erscheinen, zeigt sich dort, wo alles Unnötige, Unreife und Überflüssige durch langjährige schonungslose Erfahrungen ganz abgetragen oder überwunden worden ist. Es bleibt nur der Kern als das eigentliche Wesen, das es in schonungsloser Blöße zu erkennen gilt. Es handelt sich um eine markige, unnahbar würdevolle Schönheit, wie zuweilen beim Anblick eines alten, ausgehöhlten Kiefernbaumes. Durch lange Jahre in Wind und Wetter hat er Schnee und Sturm ertragen und dadurch seine jugendliche Unreife und Schwäche überwinden können, um zum Charakteristikum der alten Kiefer schlechthin heranzureifen.

4. Natürlichkeit (shizen)
Die Natürlichkeit eines Dinges ist das Ungekünstelte, die Ungezwungenheit und Absichtslosigkeit der Art des „So-Seins-wie-es-eben-ist". Natürlich meint hier nicht naiv oder angeboren, sondern eher ungeboren im Sinne der zu entwickelnden, zu entfaltenden Kunst des schöpferischen Schaffens aus der Fülle des Nichts heraus. Solches Mushin wird im Zen auch als „ohne Herz" oder „ohne Gedanken" bezeichnet, womit aber keineswegs die Herz- oder Gedankenlosigkeit gemeint ist. Gefordert wird vielmehr die reine und ungekünstelte Hingabe an die Sache selbst – so wie sie ist und nur aus sich selbst heraus erfaßt werden kann.

5. Unergründlichkeit (yugen)

Die unergründliche Tief- und Feinsinnigkeit ist jene verhaltene Verborgenheit, in der eine unendliche und nicht zu äußernde Fülle von Sinnigkeit und Stimmung verborgen ist. Dieser innere Reichtum kann sich gar nicht im Ausdruck erschöpfen. Es herrscht hier ein Dunkel von unergründlicher Tiefe, Ruhe und Gelassenheit, eine Art von feierlicher Würde, die alles sich Zeigende immer neu zum Ausdruck bringt. „Wo es überhaupt kein Ding gibt, dort liegt etwas Unerschöpfliches an Vielfalt von Dingen verborgen" in der Fülle des Nichts, im Urgrund oder eben gerade in der Unergründlichkeit.

6. Entweltlichung (datsuzoku) oder Nicht-Anhaften

Die entweltlichte Freiheit bedeutet eine sich unbegrenzt durchsetzende Unbefangenheit, die sich nicht nur von den Dingen der wirklichen Welt, sondern auch durch Buddha selbst nicht beeinträchtigen läßt. Diese Freiheit von allem Anhaften und aller Weltlichkeit ist niemals nur ein der Welt Entrinnen. Gereinigt in der unbefangenen Haltung von Körper, Geist und Seele geht es darum, unberührt in der Welt weiter zu wirken – sogar von der Unbefangenheit selbst nicht befangen zu bleiben und selbst das Loslassen loszulassen. Solche nicht anhaftende Unbefangenheit entspricht dem, was man im Zen das „Wirken als Spiel" oder die „Ungehindertheit des ursprünglichen Selbst-Seins" nennt.

7. Stille (seijaku)

Die Stille oder, anders gesagt, die gelassene Ruhe wirkt sich nicht nur in ruhigen Zeiten aus, sondern erst recht und gerade in den unruhigen und geräuschvollen. Im Zen heißt es: „Mit dem Schrei des Vogels wird der Berg noch stiller." Oder, wie Fukushima Roshi vom Tofukuji auf dem umseitig abgebildeten Fächer schreibt: „Aus der alten Kiefer spricht die Weisheit der Erleuchtung, der ruhige Vogel zwitschert das Satori des Zen" („The old pine talks wisdom of Satori, the calm bird whispers Satori of Zen").

Fächer von Fukushima Roshi

Die tiefe Stille eines Berges wird durch den Vogelruf nicht gestört, sondern wirkt gerade dadurch noch stiller und tiefer. Solche Stille ist nichts anderes als das, was man im Zen so nennt:

„Beim Sprechen oder Schweigen, in Bewegung oder Stillstand bleibt das Wesen immer ruhig in tiefer Stille."

Nach Hisamatsu bestehen diese sieben Wesenszüge der Zen-Kultur nicht für sich vereinzelt, sondern sie sind vollkommen miteinander verschmolzen und bilden ein einheitliches Ganzes, aus dem sich lediglich – der jeweiligen Sachlage entsprechend – der eine oder andere Wesenszug etwas mehr hervorheben mag. Er setzt dann seine Vorlesung zum Wesen des Zen damit fort, daß es sich dabei weder um eine Frage des Glaubens, der Transzendenz oder der philosophischen Institution noch der „unio mystica" im Einssein des Menschen mit Gott handle. Das Wesen des Zen liegt nach Hisamatsu vielmehr einzig und allein darin, daß der Mensch zu seinem ursprünglichen, wahren Selbst erwacht. Durch dieses Erwachen verwirklicht sich sein ursprüngliches Selbst, „form- und weiselos": das wahre Herz.

Satori als die entscheidende Zen-Erfahrung ist kein besonderes Wissen, sondern eben das Erwachen zum „form- und weiselosen" Wesen in unserem Selbst. Der wahre Buddha als der Erwachte – als jeder erwachte Mensch – steht nicht in einem bestimmten Raum und in einer bestimmten Zeit, sondern immer darüber. Dadurch vermag er es jeweils, sich in Raum und Zeit zu verwirklichen, ohne daran gebunden zu sein – ohne daran zu haften.

Dieses ursprüngliche Selbst wird im Zen auch als „Nichts" *(Mu)* bezeichnet. Dies bedeutet keinesfalls bloß die Verneinung des „Nicht-Sein" oder „Nicht-Etwas", sondern deutet darauf hin, daß es in unserem ursprünglichen Selbst keine bestimmte Form und Weise gibt. Unser gewöhnliches Selbst dagegen bleibt fast immer in endlosen Gegensätzen und Widerstreitigkeiten zwischen Bejahung und Verneinung, zwischen Sein und Nicht-Sein befangen. Erst wenn wir uns von diesen Widerstreitigkeiten losgelöst haben, kommt das ursprüngliche Selbst in uns zum Erwachen. Das „Nichts" im Zen ist also nichts anderes als das „Form- und Weiselose", das im Ursprung wir selbst sind.

Der besondere Charakter aller Zen-Kunstwerke und ihrer Darstellung als Äußerungsform des Zen-Weges besteht darin, daß jenes ursprüngliche Selbst – das sonst im Herzensgrund des Menschen tief verborgen bleibt – sich in solchen Bildern selbst zum Ausdruck bringt. Beispielsweise steht ein derartiges Gemälde nicht als Objekt dem Menschen gegenüber, sondern das malende Selbst verwirklicht sich aus dem jeweiligen Anlaß aus seiner ursprünglichen „Form- und Weiselosigkeit" im Fluß des Malens und Gemalten bis in das Gemälde selbst hinein.

Die auf ihre Art stets lebendige, freie Sprache des ursprünglichen Selbst führt zum immer neuen und der jeweiligen Lage entsprechenden „Sich-am-Werk-ins-Werk-Setzen" des ursprünglich Formlosen, das im spontanen Erwachen etwa des geführten Pinsels zur Form des einen Bildes oder Zeichen wird, das gerade nur so – und nicht anders – sein kann. Malvorgang, Maler und Gemaltes sind dann Ausdruck des einen Ganzen in der Manifestation des vollendeten „Nichts".

Die Formlosigkeit spielt auch eine Rolle bei der ebenfalls im Jahre 1958 von Professor Hisamatsu begründeten FAS-Zen-Gruppe (F = *Formless Self* = „gestaltloses Selbst"; A = *All Mankind* = „ganze Menschheit"; S = *Superhistorical History* = „zeitlose Geschichte") in Kyoto, zu der auch Professor Jeff Shore von der Hanazono-Universität gehört, dessen Anthologie über Hisamatsu derzeit in Japan erscheint. Aus dieser soll hier noch „The Vow of Mankind" oder „Das Gelübde für die Menschheit"[29] zitiert werden:

„Ruhig und gesammelt
erwachen wir zu unserem wahren Selbst,
umfassend mitfühlende Menschen zu sein.
Nach unserer jeweiligen Berufung
machen wir vollen Gebrauch
von unseren Fähigkeiten.
Wir ergründen das Leiden
– das persönliche wie das gesellschaftliche –
bis zu seinem Ursprung.
Wir anerkennen die rechte Bahn,
in der sich Geschichte weiterentwickeln sollte.
Jenseits der Unterschiede
von Rasse, Nation oder Status
reichen wir uns die Hände als Brüder.
Voller Mitgefühl geloben wir,
den tiefen Wunsch der Menschheit
nach Befreiung zu verwirklichen
und eine Welt zu errichten,
die wahrhaftig und befriedet ist.

Zen-Garten im Ryoan-ji, Kyoto

Kapitel 13

Chado, der Tee-Weg

Was dem christlichen Abendland und seiner eher lärmenden Gesellschaft der Wein und dem geschwätzigen islamischen Vorderen Orient der Kaffee, das ist der Stille und Introvertiertheit des Fernen Ostens der Tee, den schon der chinesische Kaiser Ching-Nung (2737 – 2697 v. Chr.) mit den Worten gepriesen haben soll: „Tee weckt den guten Geist und weise Gedanken. Er erfrischt den Körper und beruhigt das Gemüt. Bist du niedergeschlagen, dann wird Tee dich ermutigen." Als „Schaum gewordene Jade" von den Dichtern des alten China besungen, soll der Tee wie das Zen etwa zur Zeit der T'ang-Dynastie vom kulturellen Mutter- und Festland China her nach Japan gebracht worden sein. Die Legende um Bodhidharma, den Buddha-Jünger und Zen-Patriarch, weist sogar auf die indische Herkunft des Tees hin, wenn sie davon erzählt, daß der Heilige eines Nachts in der einsamen Meditation vom Schlaf übermannt wurde. Unbedingt entschlossen, nicht ein weiteres Mal menschlicher Schwäche nachzugeben, soll er sich die Augenlider abgeschnitten haben. Wo sie zu Boden fielen, da wuchs der erste Teestrauch, dessen Blätter auch heute noch den meditierenden Zen-Mönchen zum belebenden Trunke dienen, der den gefürchteten „Schlummer-Sitz" verhüten soll.

Wer Japanisch lernt und dabei erfährt, daß dasselbe Wort und Schriftzeichen für „Tee" und für „Augenlid" steht, der mag sich jener legendären Radikalkur und der von ihr so früh bezeugten Wirkung des Tees erinnern!

Während Lu-Yu (740 – 804) in seinem „Buch vom Tee" *(Tschakung)* erstmalig in China das Wissen um Zubereitung und Wirkung des grünen (nicht fermentierten) Getränks sammelte und dabei auch das Wesen und die Feierlichkeit der Teezeremonie beschrieb, war es in Japan wohl jenes berühmt gewordene Teefest im Wald bei Kyoto im

Jahre 1587, von Hideyoshi und dem großen Teemeister Sen no Rikyu
(1520 – 1591) veranstaltet, das den Tee-Weg und seinen ästhetischen
Kult begründete. „Auf dem Tee-Weg gibt es kein Gewitzigtsein des
Verstandes, kein laues Handeln – allein die Hingabe an ein natürlich-
schönes Gestalten ist wesentlich", sagt Rikyu, der auch von einer „Teezeremonie der Erlösung" sprach und damit den höchst vorstellbaren
Anspruch stellte.

In neuerer Zeit formulierte dies Kakuzo Okakura in seinem 1906
erschienenen und 1949 auch ins Deutsche übersetzten „Buch vom
Tee" so: „Der Teekult wurde bei uns mehr als nur eine Idealisierung
der Form des Teetrinkens; er ist eine Religion der Lebenskunst. Das
Teetrinken wurde allmählich ein Vorwand für die Verehrung der Reinheit und der Verfeinerung, es wurde eine heilige Handlung, zu der
sich Gastgeber und Gast zusammenfanden … der zarte Versuch, etwas Mögliches zu vollenden in diesem Unmöglichen, das wir Leben
nennen. Das ganze Ideal des ‚Teeismus' ist ein Ergebnis der Anschauung des Zen, daß auch in den kleinsten Begebenheiten des Alltags-
lebens das Größte liegt."[30]

„Cha Zen ichi mi" sagt man auf japanisch, seit der Teemeister Sen
Sotan (1578 – 1658), ein Enkel von Rikyu, dies so formuliert hat,
und das heißt: Tee und Zen sind vom gleichen Geschmack, und wer
„Tee in sich hat", von dem meint man, daß er es zu Lebensweisheit
gebracht hat. Im Tee und seinem Kult kommt sicher Wesentliches
vom Wesen der Japaner und ihrer Kultur bildhaft und erlebnisfähig
zum Ausdruck, auch wenn heute die echten Meister des Zen-Tee-
weges *(Chado)* selten geworden sein mögen. Immerhin kann man gelegentlich auch in Deutschland einem Großmeister wie Hounsai
Iemoto Soshitsu Sen XV von der Urasenke-Schule in Kyoto begegnen, wie etwa zuletzt beim Symposium des Japanisch-Deutschen Zen-
trums Berlin im Mai 2000.

Soshitsu Sens Buch über den Tee-Weg[31] enthält alle wesentlichen
Informationen über *Chanoyu*, die Teezeremonie, deren Meisterschaft
er 1946 von seinem Vater übernahm. Auch in Düsseldorf lebt seit
20 Jahren ein angesehener Lehrer, Kuramoto Makoto Sensei, dessen
deutscher Schüler Martin Knipphals im Ginkgo-an in der Nähe von

Köln einen eindrücklichen Teeraum geschaffen hat, wo er gelegentlich für Freunde und Gäste zur Teezeremonie lädt. In ihrer praktizierten Kunst, als „Disziplin der Seele", tritt Poesie mit Gebärden an die
Stelle des geschriebenen Reimes.

Nicht nur für den durchaus ehrenwerten Beruf der Geisha, sondern zur Erziehung der jungen Dame und zukünftigen Hausherrin
überhaupt gehörte neben dem Blumenstecken insbesondere die Schulung in der Kunst des Teekults, wovon zahlreiche Berichte und Abbildungen Zeugnis geben: so etwa auf dem Titelblatt der stilvollen Broschüre „Introducing Japan" der Japan Air Lines, mit der die nationale
Fluglinie den verehrten Gast auf Kultur, Sitten und Gebräuche in
ihrem insularen Heimatland auf der anderen Seite des Globus einzu-
stimmen sucht. Was dabei zum Ausdruck kommt, gibt etwas von dem
wieder, was mit Harmonie, Ehrfurcht, Reinheit und Stille für jede
Teezeremonie maßgebend ist. Der Weg dazu beginnt mit dem schmalen Weg zum Teeraum *(Sukiya)* oder Teehaus, das mit seinen vier Ta-
tami nur knapp neun Quadratmeter groß ist. Aus dem Holz von Kiefer und Bambus, Zeder und Zypresse erbaut, konnte man ein solches
„Häuschen" seit den Olympischen Spielen originalgetreu in Mün-

Teehaus in Kodaiji

111

chen im Englischen Garten stehen sehen – oder auch in Juchheims
japanischem Restaurant beim Goethehaus in Frankfurt.

Auf dem Gartenpfad *(Roji)* zum Teehaus, dessen Trittsteine oft von
besonderer Form und Anordnung zeugen, kommt der Gast zu Quelle
oder Wasserbecken, wo er mit einer Bambuskelle das Wasser zur Reinigung von Mund und Händen schöpft. Die kleine Schiebetür zum
Eingang ist niedrig und erfordert
im gebückten Eintreten – natürlich ohne Schuhe – eine Gebär-
de der Demut, die nicht nur äußerlich vollzogen sein will. Das
Innere des Raumes ist leer; nur
in der Wandnische, dem *Toko-*
noma, hängt ein Rollbild, meist
eine „Tuschspur" von Meister-
hand, und steht vielleicht ein
Blumengesteck. Erst wenn der
Gast oder die Gäste ihren Sitz auf
den Fersen am Tatami-Boden
eingenommen haben, betritt der
Meister oder Gastgeber den
Raum, wohin er die Teegeräte
mitbringt – die er auch am Ende

Wasserschöpfbecken

Utensilien für die Teezeremonie

wieder mitnimmt: Zurück im Raum bleibt dann wieder nur die Leere, erfüllt von der vollzogenen Zeremonie.

Die gegenseitige Verneigung zu Beginn und Ende ist tief und echt,
kein Wort stört die Stille, die im Singen des Wassers im Teekessel hörbar wird, wenn das Feuer im Holzkohlenbecken glüht, das an bestimmter
Stelle im Boden versenkt ist. In ritueller Bewegungsfolge werden die
Geräte gereinigt und schließlich das grüne Teepulver in der Schale mit
dem siedenden Wasser aus der Bambuskelle übergossen und mit dem
Bambusbesen (in Rasierpinselgröße) schaumig geschlagen. Wiederum
mit gebührender Verneigung ergreift der Gast die dargebotene Teeschale,
die oft von erlesenem Geschmack zeugt und je nach Alter und Herkunft trotz scheinbarer Unscheinbarkeit einen hohen auch „materiel-

Teeraum Ginkgo-an

len" Wert haben kann. Entsprechend ist denn auch die Betrachtung und Bewunderung der auf einer Hand vom Gast langsam gedrehten Schale, bevor er sie andächtig mit beiden Händen zum Munde führt. Dort hat das zuvor gereichte Gebäck mit seiner Süße den Gaumen für den bitteren Geschmack bereitet, den die „Schaum gewordene Jade" erzeugt, die in wenigen Schlucken gemessen genossen wird. In Versunkenheit verfolgt der Gast dann die Beendigung der Zeremonie mit der Reinigung von Schale und Gerät wie zu Beginn. Lautlos verabschiedet sich der Gastgeber mit den Geräten und hinterläßt den Gast in der erfüllten Stille des Raumes, bis auch er schließlich wieder aufbricht

Hören wir noch einmal Meister Okakura mit einem poetischen Zitat zum Ablauf der Teezeremonie:

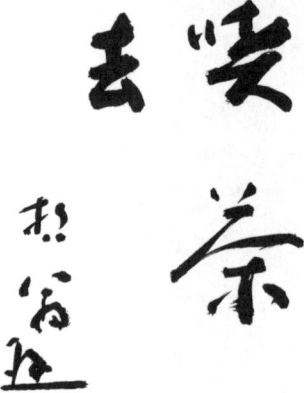

Kissa-Ko, „Teetrinken"

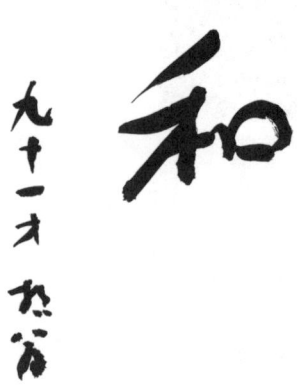

Wa, „Harmonie"

„Die Spätnachmittagssonne bescheint den Bambus, die Quellen glucksen voll Entzücken, der Wind in den Kiefern tönt in unserem Teekessel wider. Laßt uns von Vergänglichem träumen und bei der wundersamen Torheit der Dinge verweilen."[32]

Daß man sich nicht zu sehr von den äußeren Dingen wie kostbaren Teeschalen blenden lasse, verlangt ein Tee-Gedicht: „Ob es vorhanden, ob nicht, gutes Teegerät, wie unwesentlich! Der allein wahre Teeweg bedarf nicht dieser Dinge."

Schon in den frühen Anweisungen des Meisters Tokugawa Setsuna klang ähnliches durch, wenn er zeit- und kulturkritisch formulierte: „Man vollziehe die Zeremonie, um seinen eigenen Geist zu reinigen, nicht aber um ungemein teures Gerät zu kaufen und es selbstgefällig den Leuten vorzuführen, oder auch um in schönen Kleidern umherzustolzieren. Die Teegesellschaften, wie sie von den Reichen veranstaltet werden, sind ein Abfall vom wahren Geist des Teekults."

Der Weg der Teezeremonie entspricht einer idealisierten Gestaltung des ursprünglichen menschlichen Zusammenlebens im Einklang mit dem japanischen Lebensgefühl.

Harmonie drückt sich aus in der Leere des Raumes und seiner ästhetischen Gestaltung mit sparsamsten Mitteln aus einfachem Material, in der Zusammenstellung der geschmackvoll gewählten Utensilien, schließlich vor allem in der schweigend übereinstimmenden Haltung von Gast und Gastgeber in Bescheidenheit.

Respekt oder *Ehrfurcht* kommt aus der Aufrichtigkeit des Herzens und gilt dem Menschen und seiner Würde ebenso wie der Natur – auch den Teegeräten, die *Wabi* und *Sabi* atmen müssen – Einfachheit und Einsamkeit, die sich dem Teilnehmer mitteilen, wenn er seinen gereinigten Geist dafür öffnet.

Reinheit bedeutet unbedingte Sauberkeit und Ausdruck von Schönheit in Körper und Geist, wozu die ganze umgebende Atmosphäre gehört, die sich mitteilt und an der man ungeteilt teilhat. Sie bedeutet vor allem anderen Sauberkeit der Gedanken, die sich nicht in „Gedankenlosigkeit" manifestiert, sondern im Transzendieren des Denkens in die Geistesgegenwart reiner Aufmerksamkeit, von der jegliche Diskriminierung abgefallen ist: Trinkender und Trunk sind eine Einheit, Subjekt und Objekt fallen zusammen – „nur trinken" bleibt als gelebtes Erlebnis der Teezeremonie.

Stille schließlich meint nicht allein Ruhe im Außen und Innen, sondern Gesammeltheit in sich selbst und dem Vorgang im Zwischen. Diese Stille bedeutet nicht nur Abwesenheit von Lärm und allem Lauten, sie bedeutet „Abwe-

Kei, „Ehrfurcht"

Sei, „Reinheit"

Kwatz, „Schrei der Stille"

senheit von Dingen, die nie waren", womit Professor Hungerleider das Wesen von *Sabi* auszudrücken sucht. Auch *Wabi* als ein weiteres Grundprinzip der Teekunst hat hier seine Heimat. Es bedeutet ursprünglich soviel wie Armut und Einfachheit, aber auch Schlichtheit und Ruhe bei gleichzeitig tiefer innerlicher Freude, die ihre Wurzeln in Bescheidung und Bescheidenheit hat. Stille ist hier der Weg zur Erkenntnis selbst, zur Läuterung in Selbsterkenntnis. Nicht Weltflucht oder Rückzug ist ihr Sinn, sondern Rückbezug und Rückbesinnung auf den Urgrund und die Einheit von Körper und Geist, in der die Wirklichkeit mit der Wahrheit in Einklang ist, wo Zeitloses sich in der Freiheit zur Zeitlichkeit im Jetzt und Hier vergegenwärtigt.

Man sitzt im Teeraum in absoluter Ruhe und „erblickt an einem Mondscheinabend bei einer duftenden Schale Tee die Schatten der fernliegenden Kiefer am Meer zwischen den Bäumen des Gartens", wie die Teemeister seit alters her sagen – oder man hört das Schnattern der Enten vom See, der im Englischen Garten in München das Teehaus auf der Insel hinter dem Haus der Kunst umschließt.

Auch wenn vielleicht nicht immer gleich das Herz des Gastes voll erreicht wird, wie es für die Teezeremonie eigentlich gefordert ist, so bleibt doch selbst dem westlich uneingeweihten und unvoreingenommenen Besucher sicher ein eindrückliches Erlebnis von der Teezeremonie, an der teilzunehmen er Gelegenheit hat – ein Erlebnis, dessen Wirkung nachklingt in staunend wahrgenommener Beruhigung und Vertiefung bei sich selbst.

> *„Meiner Seele Grund ist tief.*
> *Weder der Freude*
> *noch des Leides Welle*
> *erreichen ihn"*
> (Kitaro Nishida)

116

Kapitel 14
Kado, der Weg des Blumenstellens

Die Saga-Schule gehört zu den ältesten Ikebana-Schulen und wurde im Jahre 815 durch Kaiser Saga (786–842) in Japan gegründet. Ihr Hauptsitz ist der Daikaku-Ji in Kyoto, bekannt als der „Blumen-Tempel", der durch den Kaiser ursprünglich als Palast erbaut worden war und als „Monzeki-Tempel" auf den Wohnsitz der kaiserlichen Familie hinwies. Auch Kaiser Go-Uda (1267–1324) regierte Japan vier Jahre von diesem Tempel aus, den er als künstlerisches Zentrum unter anderem für Ikebana begründete. Mit der als *Saga-Goryu* bekannten Ikebana-Schule entstand hier die erste dieser Richtung in Japan mit späteren Zweigschulen in Übersee und auch in Deutschland, wo Meisterin Yoshie Takahashi heute die Saga-Zweigschule Bremerhaven leitet.

Die Schule umschreibt das Ziel ihrer Arbeit mit den Worten: „Mit dem Ikebana schafft der Meister eine zweite Natur auf kleinstem Raum. Die Art, die Blumen zu arrangieren, ihre Richtung und ihre Länge, haben eine tiefe symbolische Bedeutung. Sie leitet sich ab aus den Grundbegriffen chinesischer Philosophie für Himmel (Kreis), Erde (Quadrat) und Mensch (Dreieck)."

Im *Shueki,* einem alten chinesischen Buch, steht dazu zu lesen: „Am Beginn des Kosmos gab es nur Luft, die sich in einem chaotischen Zustand befand; sie war formlos und unendlich. Aus der klaren und leichten Luft, die aufstieg, bildete sich der Himmel *(Ten).*

Die schwere und trübe Luft sank nach unten und wurde zu Erde *(Chi).* Das Positive des Himmels und das Negative der Erde vereinigten sich in den Geschöpfen der Erde, deren Krone der Mensch *(Jin)* darstellt."

Aus den fünf Elementen *(Ki* = Bäume, *Ka* = Feuer, *Do* = Erde, *Kin* = Gold, *Sui* = Wasser) entwickelten sich in der Seika-Schule des Ike-

Das Blumen-Schwert

bana die fünf Tugenden: Jin (Humanität), *Gi* (Redlichkeit), *Rei* (Höflichkeit), *Chi* (Weisheit) und *Shin* (Treue), die alle Arbeit mit den Blumen auf dem Weg durchdringen.

Ikebana, das Wort, unter dem der japanische Blumen-Weg als eigene Kunstform auch bei uns bekannt wurde, heißt wörtlich „In-Wasser-stellen" – der lebenden Blumen, deren wohlwollende und achtungsvolle Pflege hierin eingeschlossen ist. Bevor noch Ikebana-Kurse zum Lehrangebot der Volkshochschulen gehörten oder Ikebana-Center – wie früher etwa in Frankfurt – zum Treffpunkt für Gleichgesinnte und zur Gelegenheit für Ausstellung und Kauf der zugehörigen Utensilien wurden, war von Gusty Herrigel (von deren Mann Eugen der schöne Bericht über das Bogenschießen stammt) lange nach der Rückkehr aus Japan im Jahre 1930 in einem überaus einfühlsamen Bericht über „Zen in der Kunst der Blumenzeremonie"[33] ihr eigener Blumen-Weg in Japan geschildert worden. Dort hatte sie diesen Weg bis zur anerkannten Meisterschaft durch die öffentlich abgelegte Prüfung im Jahre 1929 bei Meister Bokuyo Takeda praktiziert.

Von ihm, einem Vertreter der Hongen-Enshju-Lehre in Japan, stammt auch ein erstes grundlegendes Werk über Ikebana in vier Bänden, das gleichzeitig mit der noch immer gebräuchlichen Übung brach, die Kunst des Blumenstellens – wie jeden Zen-Weg – nur durch die direkte Überlieferung von „Herz zu Herz", vom Lehrer zum Schüler, zu übertragen. Dennoch bleibt auch er für seine Schüler und Schülerinnen ein verehrungswürdiger „Sensei", der seinem Namen Bokuyo = der Einfache, Schlichte offenbar alle Ehre machte.

Es wird berichtet, daß in der Blumenkunst mittlerweile die Anzahl der Schülerinnen überwiegt, wenngleich die Übung ursprünglich durchaus Männersache war und etwa bei den Samurai in hohem Ansehen stand. Heute gehört es dagegen in Japan zu den wohlverstandenen Pflichten einer gebildeten Frau, daß sie die Wohnung auch mit einem Blumengesteck zu schmücken versteht. So zählen denn entsprechende Kurse und Lehrangebote auch zum Personal- und Sozialprogramm von Unternehmen, die ihren Angestellten Gelegenheit zur Übung der traditionellen Künste bieten, zu denen das Blumen-

Yoshie Takahashi mit fertigem Gesteck

stellen ebenso paßt wie die Teezeremonie. Nicht zuletzt bereiten die Firmen damit zukünftige Hausfrauen auf Pflichten vor, die mit der Eheschließung traditionell auf sie zukommen. Diese wiederum geht häufig auf die entsprechende Vermittlung oder doch zumindest gelenkte Begegnung im beruflichen Umfeld zurück.

Wie jede Kunst, so kennt auch die des Blumenstellens ihr Handwerk und den schließlich gekonnten Umgang mit den Utensilien – Vasen, Schalen, Steckkissen und Zweige und Blüten verschiedenster Größe, Art und Herkunft, die unter kundiger Hand zu bewunderungswürdigen Gebilden nach der jeweiligen Technik *(Seika, Nageire* oder *Moribana)* werden. Abgesehen von der Abstufung in Farbe und Form und der Zueinanderstellung in Größe, Winkel und Neigung gibt es gewisse Grundprinzipien, die immer zu beachten sind, wie etwa die angesprochene Dreiheit als Symbolik für Himmel, Mensch und Erde – wobei der Mensch stets als Angelpunkt und lebendiger Schluß-Stein gesehen wird und sich selbst sieht.

Der eigentliche Blumen-Weg beginnt aber erst jenseits der beherrschten Technik und berücksichtigten Prinzipien. Er ist ein Weg der Selbsterkenntnis und Selbstbeherrschung bis zur Selbstlosigkeit: Erst wenn der Übende absichtslos genug geworden ist, dem Gesteck nicht mehr seine persönliche Note geben, aufdrängen zu wollen, dann kann sich durch das Werkzeug seiner spontan gestaltenden Hände direkt etwas vom Geist der Blumen und des Weges manifestieren, das ihn als Medium transzendiert. „Erst wenn der Künstler völlig darauf verzichtet, sich selbst in den Vordergrund zu stellen, kann er – im Zusammenhang mit dem greifbaren Bestand der Blumen, in welchen sich der Kosmos manifestiert – durch solche absichtslose Hingabe das Wesensgesetz der Welt innerlich erfahren" (G. Herrigel) – und äußerlich darstellen.

Dieses geistige Prinzip ist Anspruch und unverwechselbares, ja auch unabdingbares Kriterium des Zen in allen seinen Wegen, wobei es hier – ähnlich wie beim Schreib-Weg – wenigstens für einige Zeit die Möglichkeit gibt, das vollendete Werk in Form des Blumengestecks noch konkret sehen und bewundern zu können. Wichtig aber ist für den Übenden nicht das Ergebnis – so wenig wie die Treffer beim Bogenschießen; wichtig ist für ihn allein der Weg, auf dem ihn zwar der Meister führt, den er aber ganz allein und höchstpersönlich, wenn auch zugleich über-persönlich und sozusagen ganz von innen heraus gehen muß. „Die äußere Form soll man bei der Arbeit von innen her suchen", sagt ein Meisterwort dazu, und „niemals nachlässig sein in Haushalt und Beruf", aber „der richtige Umgang mit Blumen verfeinert die Persönlichkeit".

Diese Verfeinerung der Persönlichkeit ist es auch schließlich, die man bei meisterlichen Menschen spürt, wenn sie intensiv einen Weg der Übung, wie etwa den des Blumenstellens, gegangen sind: Ohne äußerliche Auffälligkeit, in Einfachheit und Bescheidenheit spiegeln sie etwas von dem Zen-Geist wider, der in ihnen und durch sie entsteht und häufig zu einem Leuchten in stiller Freude führt, das sich in den Augen zeigt und andere Menschen ihre Nähe suchen läßt. So etwas kann man nicht „machen", nicht wollen – man kann sich dafür nur bereiten, auf welchem Wege auch immer, wobei die tägliche Übung dazugehört, ob man es nun Meditation, Konzentration, ZaZen oder Stilleübung nennt. Solch tägliche Konzentration – wenigstens eine halbe Stunde lang – bildet das beste Gegengewicht gegen das zermürbende Vielerlei des Alltags und seine Geschäftigkeit, die zerstreut statt zu sammeln. Man sieht erst, wieviel Zeit man hat, wenn man aufhört zu glauben, man habe keine. Eben darin sind alle Meister Vorbild und wirken schon allein durch ihre Haltung und Präsenz in Körper und Geist – und sei es auch im beredten Schweigen.

Nach alten Texten gibt es für den Blumen-Weg zehn Tugenden, in denen man sich vor allem zu üben hat, um in den echten Geist der Lehre von der Leere einzudringen. Diese sind:

1. Hohe und Niedere stehen im geistigen Verkehr durch das Blumenstellen

2. Das Nichts, das heißt, das All im Herzen tragen

3. Ruhige, klare Gesinnung – ohne Denken kann man Lösungen finden

4. Freimachen von allen Sorgen

5. Vertrauter, schonender Umgang mit den Pflanzen und Wesen der Natur

6. Alle Menschen lieben und achten

7. Den Raum mit Harmonie und Ehrfurcht erfüllen

8. Echter Geist ernährt das Leben, das Blumenstellen mit religiöser Gesinnung verbinden

9. Einklang von Leib und Seele

10. Selbstlosigkeit und Zurückhaltung – frei von Bösem,

wobei als Hauptforderung der zehn Tugenden die Verbindung mit „Blumen-Herz" *(hama-no-kokoro)* und „All-Herz" gilt.

Daß ein solcher Weg innere Disziplin und eine strenge Zucht des Geistes verlangt, versteht sich leicht und geht sich doch so schwer – und sicher sind die Millionen Frauen und Übenden mit den Blumen auch im Japan von heute vielfach noch weit davon entfernt, ihn überhaupt so zu sehen, geschweige denn zu gehen.

Dennoch gibt es schöne Zeichen, wenn zum Beispiel zur geliebten und gepriesenen Kirschblütenzeit im April Tag und Nacht alle Welt unterwegs ist zur Rast in den Parks unter den glückbringenden Zweigen. Niemand jedoch käme auf die Idee, dort Blüten abzureißen – selbst nicht von tief herabhängenden Zweigen, so daß der „vertraute und schonende Umgang mit Pflanzen" doch noch Allgemeingut zu sein scheint.

Die Blumenkünstlerin vor Nagayas „Mu"

Kapitel 15

Kohdo, der Weg des Räucherduftes

Die Tradition des Räucherwerks wurde in Japan im 6. Jh. zusammen mit dem Buddhismus von China übernommen. Zwar wurde *Koh* ursprünglich nur bei religiösen Anlässen verwendet, wie heute noch bei uns der Weihrauch in der katholischen Kirche. Schon bald jedoch fanden die Adligen am Kaiserhof Gefallen an dem erlesenen Duft aus dem Rauch exotischer Aromahölzer. Die Düfte wurden immer mehr verfeinert und dienten zum Parfümieren sowohl von Räumlichkeiten als auch der Kleidung sowie zum ästhetischen Zeitvertreib.

Zur eigentlichen Zeremonie von *Kohdo,* dem Weg des Räucherduftes, treffen sich heute auch auf privater und bürgerlicher Ebene in einem kleinen Tatami-Raum – ähnlich dem Teehaus – die Gäste des Räuchermeisters, um gemeinsam „dem Duft zu lauschen", wie Sanjo Nishi Kinosa als erster ganz im Sinne des Zen formulierte. Wie bei allen Wegen der Zen-Künste handelt es sich auch hier um einen ästhetisch-spirituellen Weg, an dessen Anfang das Kennenlernen der Düfte steht. Dazu wird bei der Duftzeremonie im kleinen Kreis vom jeweils Verantwortlichen, meist einer im traditionellen Kimono gekleideten Meisterin der Düfte, jeweils ein besonderes und mit glühender Kohle sorgfältig entzündetes Duftholz in die Runde der Teilnehmer gegeben. Diese müssen das Räuchergefäß nach einem bestimmten Ritual nacheinander aufnehmen, in stiller Versunkenheit daran riechen, hören, es umdrehen und weiterreichen. Nach festgelegten Spielregeln wird dabei um das Wiedererkennen und Zuordnen von Räucherdüften gewetteifert, woraus sich schließlich am Ende der Zeremonie ein Gewinner der Runde solch geheimnisvoll-sensiblen Spiels ergibt.

Erst in den letzten Jahrzehnten – etwa seit 1960 – hat Kohdo zu der Popularität zurückgefunden, die sein Zeremoniell in der Edo-Pe-

Koh, „Der Duft als Seelenreiniger" von Shogonsai Suiko Simon

riode des 16. und 17. Jhs. gewonnen hatte. Aus den beiden Hauptschulen von *Shino* und *Oie* haben sich mittlerweile noch zahlreiche kleinere Schulen in verschiedenen Teilen Japans entwickelt, nicht zuletzt im Zusammenhang mit Handelshäusern wie etwa Shoyeido in Kyoto (bereits 1705 gegründet). Dort kann man auch alle Arten von Dufthölzern und Accessoires, wie Schalen, Ständer, Besteck und sonstiges bekommen, insbesondere auch die Sandelholz-Räucherstäbchen zur Begleitung der Zen-Meditation von 30 Minuten Dauer (in Duftrichtungen wie *Do-shin* = „Weg des Herzens" oder *En-shin* = „Herz und Geist").

Einem Zen-Priester des 16. Jhs. wird die Formulierung der folgenden zehn Tugenden des Kohdo zugeschrieben, die bis heute als Ausdruck der Würdigung dieses Weges überliefert sind:

1. öffnet uns die Welt des Transzendentalen

2. reinigt Körper, Geist und Seele

3. klärt die Atmosphäre von unsauberen Einflüssen

4. erweckt die Sinne und verstärkt unsere Achtsamkeit

5. ist ein treuer Freund und Begleiter zu Zeiten der Einsamkeit

6. bringt Momente der Besinnung in einem hektischen Alltag

7. selbst im Überfluß genossen: man wird dessen nie müde

8. selbst mit nur wenig Räucherduft: man fühlt sich zufrieden

9. verliert nicht an Duft und Wirkung durch noch so langes Lagern

10. selbst täglicher Gebrauch kann niemals schaden.

Oder, mit den Worten von Murasaki Shikibu aus dem *Genji-Monogatari* („Die Geschichte vom Prinzen Genji"): „Der Duft hat den Geist veredelt".

Kapitel 16

Shodo, der Schreib-Weg

Wie wichtig in und für Japan die Kunst des Schreibens mit Pinsel und Tusche ist, zeigt wiederum augenfällig eine Broschüre der Japan Air Lines mit dem charakteristischen Kanji-Zeichen für *Nihon* oder *Nippon* – in schwungvoll kräftig-schwarzem Pinselstrich auf weißem Deckblatt, wobei der kleine runde rote Kranich noch quasi wie ein Namensstempel den Eindruck der Zen-Schrift verstärkt.

Schreibgerät hat in Japan einen hohen Stellenwert, ob in moderner Form als Füller (wofür sich deutsche Fabrikate großer Beliebtheit erfreuen), Filzstift, Pinselfüller mit Kunsthaar oder in der ganzen Breite verschiedenster klassischer Pinsel aus Naturhaar, ob aus Hasen-, Ziegen- oder Mäusehaar oder auch aus Vogelfedern, jungem Bambus oder anderen Pflanzen. Der echte ostasiatische Pinsel, schon in vorchristlicher Zeit in China erfunden, besteht aus festen Kernhaaren und längeren Deckhaaren, die zwischen sich einen Hohlraum bilden, der die Tusche halten kann. Auf Papier gebracht, verlangt dieses klassische Ausdrucksmittel präzise und akkurate Strichführung, die keine nachträgliche Korrektur erlaubt. Dafür wird der Pinsel senkrecht-locker in der Hand gehalten, was Kinder schon in der Volksschule lernen und üben müssen. Gelegentlich wird dazu auf das obere abgeflachte Ende des Pinsels eine kleine Münze gelegt, die in der Gleichmäßigkeit und Ruhe der geführten Bewegung nicht herabfallen darf!

Ob in der normalen Umgangsschrift mit Kanji-Zeichen, ob im „Poesiealbum" japanischer Art, das man auf Pilgerschaft mitnimmt und in den verschiedenen Klöstern „unterzeichnen" läßt, ob im kultivierten Gästebuch oder schließlich von der Hand angesehener Schriftkünstler: Immer gibt das Schriftbild als „Kalligraphie" einen spontanen und unmittelbaren Eindruck vom Rang und Zustand des Schreibenden, wie dies ja auch bei uns zur Entwicklung der Graphologie als einer psychologischen Wissenschaft geführt hat.

„Ewigkeit" von Astrid Kaiser

Daß man solcher Schrift-Meisterschaft auch hierzulande begegnen kann, zeigt das Beispiel der Amberger Kalligraphin Astrid Kaiser, von der das schöne Wort stammt: „Der Pinsel tanzt – die Tusche singt." Und sie zitiert aus den Schriften des Yü-Shi-nan (558 – 638) über das Wesen der Kalligraphie:

„Die Schriftzeichen werden geformt aus der Erkenntnis des Wesens der zehntausend Dinge. Die zehntausend Dinge – das sind die Natur und ihre Wandlungen. Sie zu verstehen heißt, das Beständige im ewigen Wandel zu erkennen.".

Schrift-Meisterschaft, Astrid Kaiser

Von ihrem Lehrer Katsugo Terayama aus Tokyo, den die Abbildung im Augenblick des *h'un t'un kai chi,* der „Grundlegung im ursprünglichen Chaos", mit hocherhobenem Tuschpinsel zeigt, hören wir: „Das Heben des Pinsels entscheidet die Schlacht!"

Noch aus einem anderen chinesischen Werk von 1121, der „Vorrede auf die Sammlung von der Reinheit der Landschaft" von Han Cho, zitiert Frau Kaiser:

„Kalligraphie und Malerei, das sind Pinsellinien, und diese wie-

Katsugo Terayama – „Das Heben des Pinsels entscheidet die Schlacht"

131

derum zeigen die Regung des Herzens an. Sie reichen zurück bis vor das noch Ungestaltete, und man erfaßt sie jenseits der Gesetze. Sie stehen in subtiler Übereinstimmung mit dem Schöpfungsprozeß der Natur und haben dieselben Triebkräfte wie das Tao. Indem man sich an ihre Gesetzlichkeit hält, fegt man hinweg über Tausende von Meilen. Daher setzt man mit Hilfe des Pinsels die Formen der Dinge, und mit Hilfe der Tusche scheidet man Hell *(Yang)* und Dunkel *(Yin)* voneinander."

Noch über normale Kunst oder Kunstfertigkeit hinaus wurde solches Schreiben mit Pinsel und Tusche Gegenstand der Zen-Übung, und es gibt kaum einen angesehenen und anerkannten Zen-Meister, der sie nicht beherrschte. Über alle anderen beschriebenen Wege des

Wa, „Harmonie" von Seiko Kono aus dem Daian-ji

Zen hinaus hat dieser hier den unschätzbaren Vorteil, über den möglichen Akt des Miterlebens und der Teilnahme zusätzlich noch die blei-
bende Spur auf dem Papier zu hinterlassen, die zu Anschauung, Betrachtung und meditativem Nacherleben dient und einlädt. Daher auch
der Name *Bokuseki* oder „Tuschspur" als Fachausdruck für die Schrift-
beispiele bedeutender Vertreter des Zen, denen zahlreiche Veröffentlichungen und Ausstellungen gewidmet sind, wie beispielsweise im Museum für Ostasiatische Kunst der Stadt Köln die Sammlung von Seiko
Kono, dem hochbetagten Abt des Daian-ji in Nara, die zahlreiche Blätter und Zeichen japanischer Meister der Gegenwart enthält.[34]

Immer wieder dienen solche Schriftbilder der geistvoll ästhetischen
Belebung und Zierde des japanischen Hauses, insbesondere im
Tokonoma des Teeraumes. Solche Tuschspuren sind offengelegte und
öffentlich abgelegte Bekenntnisse von Rang und Stufe der inneren
Entwicklung, sind unwiderrufliche Seelenspiegelungen der Meister.
Dem Eingeweihten verleihen sie direkt und unmittelbar Zugang zum
Zen und Sein des Lehrers, das sich in seinem Schreib-Weg bildhaft
ausdrückt. „Ein Pinselstrich deutet auf den Ursprung allen Seins, auf
die Wurzel unzähliger Erscheinungen", so sagt es Tao-Chi in einer
maltheoretischen Abhandlung aus dem 17. Jh. und weist damit auf
das immer neue Werden von Bild und Strich hin, wie man es noch
heute im japanischen Zen miterleben und bewundern kann.

Auch wo das normale Gespräch vielleicht nur über einen Dolmet-
scher möglich ist, erlaubt das Wiedererkennen des einen oder anderen klassischen Schriftzeichens in der Tuschspur des *Bokuseki* beim
Besuchten den befreienden direkten Kontakt unter Zen-Leuten. So
will es auch die Sitte, daß sich der Zen-Meister bei seinem Besucher
für Gespräch und Gastgeschenk seinerseits mit einem Tuschzeichen
bedankt, das man dann sogar schwarz auf weiß und mit dem zusätzlichen roten Signum des jeweiligen persönlichen Stempels mit nach
Hause tragen kann.

Daß es zu solcher Meisterschaft von *Bokuseki* oder Tuschezeichnung
eines langen, jahrelangen, jahrzehntelangen, ja oft lebenslangen
Übungswegs bedarf, geht aus einem anderen Text zu den „Tuschspuren" hervor:

„Tusche reiben –
nur reiben! Auf die ältest-bekannte Weise, wie im alten China, im
Tuschstein, mit Wasser. Zwei Jahre lang muß der Schüler oder Anfänger nur die Tusche reiben, bevor er überhaupt etwas von Pinsel oder
Papier zu sehen bekommt. Nur Tusche reiben, die Tusche in sich aufnehmen, in die Tusche eintauchen, eingehen – Tusche sein.

Dann: das Papier –
Blatt gewordene Faserfläche, grenzenloses Weiß, das der Begrenzung
harrt, die Begrenzung erwartet in der Teilung, der Beschneidung –
messerscharf. Wenn schneiden, dann nur schneiden, glatt und ohne
Stocken. Eins sein muß der Schüler mit dem Messer, das durch das
Papier gleitet, fließt, das Blatt zerteilt, begrenzt – nur schneiden.

Dann: der Pinsel –
Den Pinsel ergreifen, zart-locker und doch makellos-fest; eintauchen
seine Spitze in den schwarzen See der Tusche – aufnehmen, nieder-
senken aufs Blatt aus der Senkrechte des Himmels, ihn schwerelos
führen über das jungfräuliche Weiß, das sich teilt, mitteilt, öffnet,
offenbart. Schwerelos führen den Weg des Schwarz, schwunghaft aus-
klingen und verebbend abheben, zu einem Ende, das endlos ist.

Eine Spur ist entstanden auf dem Papier wie auch im Geist des Be-
trachters – eine Spur wie die des Vogels am Morgen im Neuschnee.
Eine Spur ist entstanden, die direkt „von Herz zu Herz" führt *(Isshin-
Denshin),* ohne den Umweg über den Verstand. Eine Spur ist entstanden – Seelenspiegelung des Meisters, die der Aufnahme harrt, der
Aufnahme bedarf durch Gleichgesinnte, Gleichgestimmte, Geübte mit
Herz und Sinnen, die das Zeichen nachvollziehen, es in sich selbst zu
Ende führen – zu einem Ende, das es nicht gibt, das endlos ist: Unendlichkeit des gegenwärtigen Gewahrseins in der zeitlosen Ewigkeit
des ortlosen Jetzt und Hier.
    Die Unfertigkeit des Zeichens wird aufgenommen, wird angenom-
men zur eigenen Weiterübung. Es geht nicht um die Vollkommenheit von Zeichen und Bild, es geht um die Vervollständigung im Nach-

vollzug. Es geht um die eigene meditative Vervollkommnung im kon-
templativen Nach- und Miterleben der Versenkung des Meisters durch
den aktiven Betrachter- schauend, erschauend, erschauernd."
In einem anderen Text heißt es dazu:

> *„Die Zeichen mit den Augen verehren,*
> *die Zeichen im Herzen bewahren,*
> *die Zeichen mit dem Mund rezitieren,*
> *die Zeichen mit der Hand schreiben, –*
> *eins werden mit dem Zeichen."*

Einer, der mehr als 20 Jahre lang als Lehrender in der Gemeinsam-
keit der Sesshin mit seinen Schülern und Übenden in Deutschland zahl-
lose Tuschspuren hinterlassen hat, ist Professor Tetsuo Kiichi Nagaya
(1895 – 1993). Aus Anlaß seines 90. Geburtstages wurde ihm 1985
eine Festschrift mit seinen eigenen „Tuschspuren"[35] gewidmet, die er in
zwei Jahrzehnten verschenkt und hinterlassen hat: Kein Teilnehmer ei-

Nagaya mit dem Tuschpinsel

135

nes Sesshin mit ihm blieb je ohne ein eigenes Zeichen, vor seinen Augen und im meditativen Zusammensein und gemeinsamen Sitzen entstanden. Von Nagaya stammen auch wichtige Hinweise auf die Art der Übung und Ausübung des Zen-Schreib-Weges, der beispielsweise für einen ernsthaften Schüler die ersten zwei Jahre lang nur im Reiben des Tuschsteins bestehen kann, wie der obige Text erläutert hat.

Geduld, Gelassenheit und Beherrschung, nicht nur der Technik des Schreibens, sondern vor allem seiner selbst, sind unabdingbare Voraussetzungen für das Gehen auf dem Zen-Weg, der in die Wesensschau der Tiefe der eigenen Natur führt. *Bokuseki,* Tuschspuren, sind Zeichen auf diesem Weg. Sauberkeit und Reinheit sind Voraussetzungen dafür wie auf dem Tee-Weg: das vorherige Bad und das Anlegen frischer Kleidung geben äußeres Zeichen davon. Die meditative Sammlung sorgt für die Reinheit von Seele und Herz, woraus dann auch keine unreinen Worte, Gedanken, Handlungen und Haltungen hervorgehen können.

Es sind immer wieder ähnliche, klassische Zeichen, die entstehen und für den Weg stehen, wie zum Beispiel *Wa* = „Harmonie", *Jaku* = „Stille", *Ju* = langes Leben, *Mu* = „Nichts", *Ho ho kore do jo* = „Schritt für Schritt, das ist der Weg". Ein beliebtes Zeichen unter Zen-Leuten ist auch der Kreis *(Enso),* kraftvoll freihändig aus dem Hara heraus gerundet, wofür man mit Nagayas Worten „mit dem Kosmos eins" sein muß. Dieses Einssein mit dem Kosmos außen und innen ist das Ziel des Zen-Weges im Satori, der Erleuchtung, wenn man denn ein Ziel nennen sollte, das es andererseits gar nicht gibt, denn, wie wir anfangs schon hörten: „Der Weg ist das Ziel" und „das Alltägliche ist der Weg".

Auch für Professor Hoseki Shinichi Hisamatsu, einen der ganz Großen des zeitgenössischen Zen in Japan, ist der Schreib-Weg eine geschätzte Art der Ausdrucksweise, die stärker noch als Malerei oder andere Zen-Künste dem selbstlosen Selbst zur unmittelbaren Gestalt des Gestaltlosen verhilft; die den Pinsel senkrecht über dem Papier hält und dann mit Leichtigkeit herabsenkt, als käme er direkt vom Himmel, den er mit seinem Strich auf die Erde, das Papier, holt.

Ein Sonderheft der japanischen Zeitschrift „Bokubi" (Nr. 242) zu Hisamatsus 85. Geburtstag im Juni 1974 dokumentierte mit über

120 Abbildungen seiner Zeichen und Schriften eine überaus eindrucksvolle Retrospektive seines Weges und Werkes, das ihn in den fünfziger
Jahren als Gastprofessor nach Harvard in die USA und nach Europa
geführt hatte.

Noch einmal wieder ist es schließlich die japanische nationale Fluglinie, die ihr Monatsheft „Winds" vom Februar 1986 unter den Titel
„Wege zur Erleuchtung" stellt, wofür die Abbildung eines Schreib-
meisters in Aktion steht. Bereits in der Überschrift kommt zum Ausdruck, daß die Beherrschung all dieser japanischen Wege im Zen wur-
zelt und in erster Linie Selbst-Beherrschung meint. Besser noch als in
vielen eindrücklichen persönlichen Begegnungen, denen immer noch
der Vorwurf des Singulären, Gesuchten und Subjektiven anhaften
könnte, wird hier bildhaft und banal in einer Werbeschrift des heuti-

„Die Weltrevolution" von Hisamatsu

137

gen offiziellen Japan auf Zen und seine Wege Bezug genommen. Eindeutig dokumentiert sich damit der Stellenwert, den dieser „Weg zum Herzen" auch in der rationalen Gegenwart im nationalen Alltag Nippons von heute nach wie vor und in allgemeiner Wertschätzung einnimmt.

Der Schreibmeister in Aktion

Kapitel 17
Haiku, das Zen-Gedicht

Das Haiku ist eine im 14. Jh. in Japan unter dem Einfluß des Zen-Buddhismus entstandene und dort bis heute von allen Volksschichten praktizierte Gedichtform aus 17 Silben in der Zeilenfolge 5-7-5, das sich mittlerweile auch hierzulande zunehmender Beliebtheit erfreut (vgl. dazu beispielsweise das unübertreffliche Büchlein „Zen und Haiku" von Günter Wohlfart[36]). So veranstaltete zum Beispiel die Deutsche Haiku-Gesellschaft im Mai 1989 einen ersten Deutschen Haiku-Kongreß – ganz im Sinne der in Japan traditionellen Wettbewerbe und Veröffentlichungen von nicht weniger als 50 Monatsmagazinen, welche dieser kürzesten aller lyrischen Ausdrucksformen gewidmet sind, die jemals in der Weltliteratur zu Bedeutung gelangten. So gibt es auch in Tokyo seit 1976 ein eigenes gemeinnütziges Museum für Haiku-Literatur *(Haiku Bungakukan),* das mehr als 27.000 Bücher und 160.00 Zeitschriften über das Haiku gesammelt hat und weiter sammelt[37].

Neben den jährlich über eine Million(!) neu entstehenden und auf Sonderseiten aller Zeitungen veröffentlichten Haiku gilt als besonders bedeutend der Wettbewerb am Kaiserhof, für den jedes Jahr im November das Thema gestellt wird. Zwanzig Gedichte davon werden schließlich ausgewählt und in feierlicher Zeremonie dem Kaiser und dem ganzen Hofe vorgetragen – „ein mindestens ebenso wichtiges Ereignis wie eine Präsidentschaftswahl" sagt Toshimitsu Hasumi in seiner klassischen Einführung „Zen in der Kunst des Dichtens".[38] In der Dichtung Japans offenbart sich das Urgesetz des Kosmos – tritt das Letzte, Höchste und Tiefste, nach östlicher Auffassung das Nichts in sprachliche Erscheinung.

„Wie jede andere Kunst erfordert auch die Kunst der Dichtung die vollkommene Beherrschung ihrer – sprachlichen – Mittel, doch ist diese äußerliche Technik noch nicht Kunst. Erst durch lange seelische Übung wird der Dichter zu der eigentlichen, inneren Technik geführt, widerfährt ihm der innere Vorgang der ‚kunstlosen Kunst‘, wird das Anordnen der Wörter zum Weg der Dichtung als seelische Entfaltung der Persönlichkeit ...“, lesen wir bei Hasumi.

Bei aller Metaphysik, Metaphilosophie und Metaphorik muß ein Haiku jedoch stets ganz konkret sein. Es bezieht sich fast immer auf die Natur, das Wetter oder eine Jahreszeit, die zumindest symbolhaft angedeutet wird:

Frühling scheidet, Vögel weinen,
Tränen in den Augen der Fische. (Basho)

Es beinhaltet ein einmaliges Erlebnis von oft banaler oder trivialer Art in transsituativer Form, hält die Stimmung eines Augenblicks fest, wenn er gerade wieder vergeht – die zeitlose Zeit der Ewigkeit in der Verklungenheit und Versunkenheit der Sekunde. Es will mit den wenigen gemessenen Worten das Geheimnis aufhellen, das hinter jedem noch so unscheinbaren Naturereignis verborgen liegt, gleichsam im

Die Jahreszeiten: „Wenn dein Geist rein ist, sind alle Dinge in Ordnung"

Blitzlicht der Erkenntnis oder Erleuchtung. Immer wird dabei die Einbildungskraft des Lesers oder Hörers angesprochen, das Bild selbst auszufüllen oder da fortzusetzen, wo der Dichter des Haiku aufgehört hat – mitzugestalten und dadurch seelisch mitzuerleben. Es handelt sich um eine stets gegenständliche, naturnahe Kunstgebärde, die in ihrer inständigen Leichtigkeit der Formulierung Raum läßt für vielfältigen und vieldeutigen Reichtum an weiterführenden Assoziationen.

Dabei ergibt nicht jedes Haiku sich und seinen Sinn auf ersten Anhieb: Oft bedarf es der Versunkenheit von Jahren, ein einziges Haiku richtig zu lesen und lebendig zu erfassen, mit einem einzigen Haiku wirklich und ungetrennt richtig zu leben. Nicht eigentlich Gedicht im europäischen Sinn, ist ein Haiku „ein Winken mit der Hand, eine halbgeöffnete Tür, ein reingewischter Spiegel, ein Weg zur Natur zurückzukehren – zu unserer Mond-Natur, zu unserer Kirschblüten-Natur, zu unserer Blätter-Fall-Natur – zu unserer Buddha-Natur" (nach Professor Fritz Hungerleider).

Der Weg des Haiku ist einer der 84.000 Wege zur Erleuchtung, denn auch im Haiku kann man das Unfaßbare erfassen und verwirklichen. Das Haiku ist Ausdruck einer Art zeitweiliger Erleuchtung, bei der wir in das Leben der Dinge hineinblicken:

Frühling: „Frühlingsregen füllt die vier Meere"

141

Das Kiefernhafte lerne von der Kiefer,
das Bambushafte lerne vom Bambus.
Auch das heißt: Gib dein Selbst auf.
Dieses Lernen ist kein Lernen im üblichen Sinne,
es bedeutet: eindringen in die Dinge,
ihre geheimsten Lebensbedingungen erlauschen
und im Herzen ein Gefühl anklingen lassen.

Im Haiku erleben wir das Glück, die Vereinigung mit den Dingen zu finden, von denen wir durch unser Selbst- bzw. Ich-Bewußtsein getrennt wurden – die verblendete Trennwand der Polarität von Ich und Nicht-Ich einstürzen zu sehen. In einem Ding sind alle Dinge enthalten. Eine Blume steht für den ganzen Frühling, ein fallendes Blatt steht für den ganzen Herbst – für jeden Herbst, für den zeitlosen Herbst aller Dinge.

Ein Blütenblatt
Das an seinen Zweig zurückkehrt?
Ein Schmetterling! (Moritake)

Sommer: „Der Klang des Wasserlaufs im Gebirge"

Beneidenswerte Ahornblätter!
Schön ist es, wunderbar zu werden,
und dann zu fallen. (Shino)

Immer ist Natur im Spiel und oft der Mond, der Vollmond als Bild und Symbol für Ganzheit, Wahrheit, Wirklichkeit und Weisheit, wie etwa bei Basho (1644 – 1694), dem großen Meister der Haiku:

Vollmond im Herbst.
Die ganze Nacht bin ich
Rund um den Teich gegangen.

Nichts, was du siehst,
was nicht eine Blume wäre.
Nichts, woran du denkst,
was nicht der Mond wäre.

Monde und Tage sind ewige Wanderer,
und die vorbeiziehenden Jahre
sind auch Wanderer.

Herbst: „Herz-Geist – wie der Herbstmond"

143

Dazu lesen wir bei Matsushita:

> *Mondnacht – jedesmal*
> *wenn die Brandungswogen zurückweichen*
> *erglänzt der feuchte Sand wie Silber.*

Oder, nicht ohne Tragik, bei Masahide:

> *Mein Gartenhäuschen verbrannte.*
> *Nun steht nichts mehr*
> *Zwischen mir und dem Mond.*

Dazu Chora:

> *Der Vollmond,*
> *nur schön,*
> *makellos klar …*

Winter: „Öffne die Tür und sieh all die abgefallenen Blätter"

Und noch weiter zum Mond:

> *Wie oft du auch schöpfst,*
> *es ist doch stets der*
> *gleiche Mond im Wassergefäß.*
>
> *Ein und derselbe Mond*
> *spiegelt sich in allen Wassern.*
> *Alle Monde im Wasser sind eins*
> *In dem einen einzigen Mond.*

Auch ganz konkrete, unerfreuliche Situationen können Anlaß für ein Haiku geben, wenn etwa Ryokan zu seiner ausgeraubten Hütte zurückkommt und schreibt:

> *Den Mond im Fenster*
> *hat der Dieb*
> *zurückgelassen.*

Von dem Dichter und Zen-Meister Ryokan (1758 – 1831) gibt es eine neue Sammlung poetischer Zen-Weisheiten unter dem Titel „Alle Dinge sind im Herzen"[39], deren amerikanische Ausgabe schon 1993 als „Tautropfen auf einem Lotosblatt" erschienen war. Der Titel für die deutsche Fassung leitet sich aus dem folgenden Gedicht des „freiherzigen Zen-Vagabunden" ab, wie er sich selbst nannte:

> *Wenn du das Geheimnis*
> *des Buddhismus wissen möchtest,*
> *hier ist es: Alle Dinge sind im Herzen!*

145

Noch ein anderes berühmtes Zen-Gedicht von Ryokan sei hier ein-
gefügt:

> *Die Vergangenheit ist schon vorüber,*
> *das Zukünftige ist noch nicht da;*
> *in der Gegenwart ist keine Hoffnung,*
> *alles wandelt sich ständig,*
> *nirgends ist fester Halt.*
> *Namen und Worte*
> *sind selbstgeschaffene Verwirrung –*
> *was vergeudest du so dein Leben den Tag lang?*
> *Laß deine neumodischen Einsichten fahren,*
> *wirf deine altmodischen Ansichten weg:*
> *ehrlich und ganzen Herzens*
> *forsche und spiegele dich in dir selbst.*
> *Forschend und spiegelnd,*
> *spiegelnd und forschend,*
> *bis der Augenblick kommt,*
> *da kein Forschen ferner mehr möglich,*
> *weil du erkennst, daß dein Leben*
> *ein leerer Wahn gewesen ist.*

Doch zurück zu Ryokans Hütte und den Dieben, vor denen sich
einst auch Kiko sorgte. Da wurde ihm im Gespräch mit Kung-tse die
Belehrung zuteil: „Wenn du wunschlos wärest, würden sie dich nicht
einmal dann bestehlen, wenn sie dafür eine Belohnung erhielten!"

Trauer und Tragik spiegeln sich oft in der Dichtung von Issa (1763 –
1827), der ein sehr schweres Leben hatte:

> *Mond und Blumen, ach –*
> *Neunundvierzig Jahre umhergegangen*
> *Und die Zeit vertan.*

Nach dem Tode seines Kindes formte es sich aus ihm:

Oh diese Welt der Tautropfen –
Es mag nur ein Tautropfen gewesen sein –
Und dennoch, und dennoch!

Ganz ähnlich Saigyo, wenn er sagt:

Was es ist, weiß ich nicht
Doch aus Dankbarkeit
Fallen meine Tränen.

Und wieder Issa:

An einem Abend im Herbst,
ist es nicht leicht,
ein Mensch zu sein –

während Basho dazu in einer Art von „Ur-Haiku" sagt:

Abend im Herbst
Auf einem dürren Ast
hockt eine Krähe.

Buson, ein anderer großer Haiku-Dichter (1715 – 1783) meint, die Absicht des Haiku liege darin, in gewöhnlicher Sprache die innere poetische Philosophie aller weltlichen Dinge auszudrücken, und er dichtet:

Ein Licht entzündet sich
am anderen
in der Frühlingsnacht

Rapsblüten;
die Sonne im Westen,
der Mond im Osten.

Und immer wieder ist es Issa, der trotz aller Traurigkeit des Lebens
Fröhlichkeit aus der Natur empfängt und zum Ausdruck bringt:

> *Sogar mein Schatten*
> *Ist durch und durch gesund*
> *An diesem Frühlingstag …*

und voller Begeisterung für den frühen Frühling bezieht er seine
Frau mit ein:

> *An diesem Frühjahrsmorgen*
> *benimmt sich sogar meine Frau*
> *wie ein Besucher.*

Begleiten wir Issa noch weiter bei seinen Streifzügen durch die
Natur:

> *Die Katze hat geschlafen:*
> *Sie streckt sich, gähnt und geht*
> *auf Liebesabenteuer aus.*

> *Ich will mich umdrehn,*
> *Heuschreck,*
> *rück!*

> *Paß auf, Heuschreck,*
> *daß du mir nicht den schönen Tau*
> *in Scherben trampelst!*

> *Aus dem Wege, Spatz,*
> *aus dem Weg!*
> *Herr Pferd kommt!*

> *Ja, Schnecke,*
> *besteig' ihn nur, den Fujiyama,*
> *aber langsam, langsam!*

> *Ruhigen Gemüts*
> *Schaut er sich die Berge an,*
> *dieser Wasserfrosch.*

Vor allem sind es – wie hier gezeigt – die kleinen Tiere, mit denen sich Issa beschäftigt. So schrieb er nicht weniger als 54 Haiku über Schnecken, 15 über Kröten, beinahe 200 über Frösche, etwa 230 über Glühwürmchen, mehr als 150 über Moskitos, 90 über Fliegen, mehr als 100 über Flöhe, beinahe 90 über Zikaden und ungefähr 70 über verschiedene Insekten. Wie diese liebenswerten Aussagen auch immer wieder seine ganz persönliche, oft traurige Lebenslage beschreiben, hören wir hier:

Auch für deine Flöhe
Muß die Nacht
Lang und einsam sein.

Seiner Einsamkeit verleiht Basho Ausdruck, wenn er sagt:

In Kyoto bin ich,
doch beim Schrei des Kuckucks
sehn' ich mich nach Kyoto.

Ach Kuckuck,
wie vertiefst du
meine Einsamkeit.

Auch bei Ryokan können wir lesen:

Vor meiner geschlossenen Tür,
abgefallene Kiefernnadeln:
wie einsam ich mich fühle …

und beim Anblick der Wildgänse im schreienden Zug:

Sie rufen mich an
da sie heimkehren:
Wildgänse in der Nacht.

Auch Issa äußert sich zum Problem der Einsamkeit:

> *Schneeregen fällt*
> *Unergründliche, unnennbare*
> *Einsamkeit.*

Bei Shiki wiederum klingt die Trauer in den Herbst:

> *Ich gehe und*
> *du bleibst –*
> *zwiefacher Herbst.*

Einsamkeit *(Sabishisa)* im Zen-Sinn ist Abwesenheit von Dingen, die nie waren. Der Geist des Haiku ist der Geist des Zen, worauf bereits R. H. Blyth[40] treffend hingewiesen hat. Es ist ein Augenblick, in dem sich eine Ewigkeit manifestiert. Mit Günter Wohlfart[41] weiter gesprochen: „Im Haiku geht es um das Präsentieren (also: Zeigen, nicht Beschreiben) des Sinns ohne Sinn, um den stillen Augenblick der Dinge und ihres Gesichts. Das Haiku macht uns zu Präsenten; ohne Worte und aus dem wortlosen Wort zwischen den Worten spricht es nicht über die Dinge, sondern für die Dinge, die dadurch für sich selbst sprechen …" Die höchste Kunst des Haiku ist nicht das Künstliche, sondern das kunstvoll Kunstlose, die Kunst ohne Kunst, die aus der unmittelbaren Mitteilung der Erfahrung ohne Vermittlung und aus der Unteilbarkeit des nicht Teilbaren, auch des nicht Mitteilbaren des spontanen Schweigens im Wort entsteht.

Noch einmal mit Wohlfart: „Der rote Faden der Rede des Dichters ist versponnen mit dem goldenen Faden des Schweigens … Den Meister erkennt man an dem, was er wegläßt, was er sagt, ohne es zu sagen … Schweigen ist als beredtes Schweigen der Dichtung nicht das bloße Ende der Rede, sondern deren Vollendung, nicht das Auf-Hören der Rede, sondern das Hören der Rede auf die Stille … Das Schweigen des Dichters ist ein Zeigen, und einmal gezeigt ist besser als hundertmal gesagt … Die Stille ist der Grundton der dichterischen Rede. Die Sprache der Dichtung ist lautere Stille – im doppelten Wortsinn: verdichtete und geläuterte Stille zugleich … Die Anstrengung des Dichters besteht darin, die Stille durch das Wort zu halten, die Innigkeit der Stille in Worten auszutragen. Aus ausgehaltenem Schweigen, aus äußerster Innigkeit inmitten der Stille, entspringt das Wort. Die Anstrengung des Dichters ist das Aushalten der Inständigkeit des Schweigens inmitten der Rede."

Schöner kann man aus westlich-denkerischer Sicht das beredte Schweigen oder schweigsam-sparsame Reden des östlich-intuitiven Haiku-Dichters kaum beschreiben.

Auch Dietrich Krusche verzichtet in „Haiku – Bedingungen einer lyrischen Gattung"[42] bewußt auf den Versuch weiterer Systematisierung im westlichen Sinne und beläßt die „konkrete Fremde", die uns vom japanischen Haiku trennt, in ihrer östlichen Soheit.

Haiku sind eine Art von „Guckloch", durch das man direkt und unmittelbar einen Schimmer der japanischen Seele erhaschen kann. Auch im heutigen hochindustrialisierten Japan gehört dies noch immer zum unverzichtbaren Kulturklima, aus dem heraus man die Zahl der Japaner, die auf die eine oder andere Weise noch heute Haiku-Erfahrung haben, auf mehr als 10 Millionen schätzt. Dazu gehören außer Büchern, Zeitschriften und Zeitungen mit entsprechenden Wettbewerben auch die vielen Gedenk-, Gedicht- oder Haiku-Steine mit ihren teilweise schon vermoosten oder verwitterten Kanji-Zeichen, die man allenthalben in der japanischen Landschaft entdecken kann.

Eine Besonderheit japanischer Dichtung verdient hier noch Erwähnung, auch wenn es sich nicht in jedem Fall um Haiku handelt. Gemeint sind die sogenannten Todesverse oder Vermächtnisgedichte, (Jisei = „Abschiednehmen von der Welt"), auch „hinterlassene Gedichte" genannt, von denen Professor Ueda folgendes sagt:

„Unter den Zen-Leuten ist es eine Sitte, auf dem Sterbebett ein ganz kurzes Gedicht zu verfassen, das ein ‚hinterlassenes Gedicht' genannt wird. Es ist der allerletzte Abschiedsgruß mit der Selbst-Zusammenfassung des Ganzen seines Lebens. Dem Sterbenden ist beim Sterben das Ganze seines Lebens in seiner Ganzheit abschließend und gesammelt gegenwärtig. Im Sterben gefaßt, faßt er dieses Ganze zu seiner letzten Selbsterkenntnis im Gedicht zusammen, um es zu lassen, wie es vom Tode hinweggenommen wird, und zugleich, um es als allerletzten Gruß den anderen zu schenken."

Als Beispiel eines hinterlassenen Gedichts führt er dann an:

Vorderseite, Rückseite
Herbstblätter fallen ab.

Ganz ähnlich Hattori Ransetsu, der Basho-Schüler (in der Übersetzung von Ursula Ondang[43]):

Ein Blatt fällt herab.
Nein! Das Blatt fällt herab
Und auf den Wind –

Im Gegensatz zum westlichen Sterben in der Anonymität der Intensivstation mit ihren Schläuchen und Apparaten zählt für die östliche Kultur des Todes auch im Zen eine letzte, voll gewärtige Gegenwärtigkeit des Geistes mit dem Tuschpinsel oder einem Stift dazu. So wurden beispielsweise bei den Opfern eines Flugzeugabsturzes in Japan vor einigen Jahren in den Notizbüchern Zeugnisse solcher letzten Anmerkungen oder Verse gefunden: Zeichen für eine überlieferte Kultur des Sterbens, die sich auch bei einfachen Menschen und Geschäftsleuten, selbst bei einem solchen Unglücksfall, nicht nur in der ausgedrückten Religiosität des Zen findet.

Ein Vermächtnisgedicht aus jüngerer Zeit stammt von Professor Hoseki Shinichi Hisamatsu (1898 – 1980), einem der ganz Großen des Zen und seiner Philosophie, über den Jeff Shore in Kyoto soeben eine umfangreiche Anthologie herausgibt:

Zum gestaltlosen Selbst erwacht,
sterbe ich unsterblich den Tod.
Zum ungeborenen Leben geboren,
spiele ich in den drei Welten.

Von der Nonne Ryonen ist ein besonders schönes hinterlassenes Gedicht überliefert:

66mal haben diese Augen gesehen,
wie es immer wieder Herbst wurde.
Über den Mond habe ich euch genug gesagt,
fragt nicht weiter danach.
Lauschet lieber dem Klang der Föhren und Zedern,
wenn kein Wind sie bewegt.

Basho, der große Zen- und Haiku-Meister des 17. Jhs., hatte schon am Vorabend seines Sterbens erklärt, jeder (!) seiner Verse der letzten zwanzig Jahre sei ein Todesvers gewesen, bevor er hinterließ:

Krank von der Reise
Jagen auf trockenem Felde
Träume im Kreise.

In der Tat war der Tod auch schon in früheren Versen von ihm präsent gewesen, wenn er etwa schrieb:

Die Lotosse im Teich,
wie sie sind, ungepflückt:
Totenfest.

Schließlich sei noch das letzte und besonders schöne Abschieds-gedicht von Altmeister Dogen aus dem Jahr 1253 angefügt:

Oh diese Welt – womit kann ich sie vergleichen?
Mit dem Spiegelbild des Mondes
in einem Tropfen Tau –
glitzernd am Schnabel der wilden Ente.

Ganz ähnlich hatte es Okura in feinem, unmittelbarem Seinsgefühl formuliert:

Dies Erdenleben – wem soll ich es vergleichen?
Wie, wenn von Booten, früh hinaus gerudert,
keine Spur zurückbleibt.

Es ist die Spur der Nicht-Spur, die den Haiku-Dichter berührt, wo sie im Entstehen schon wieder vergeht und doch im Vergangenen bleibt und sich zeigt – im Unsichtbaren.

Kein hinterlassenes Gedicht, aber eine Art Todesvers stammt von Günther Klinge, dem 1910 geborenen Unternehmer in München:

Nach der Mutter Tod
ist vieles still geworden.
Schneller Erdenlauf.

Schon lange bevor sich an seinem Pharma-Unternehmen mehrheitlich ein japanischer Konzern beteiligte, wurde von ihm nicht nur berichtet, daß er 100 Jahre alt werden möchte (wovon er nur noch einige Jahre entfernt ist), sondern daß er es sich zur Aufgabe gemacht habe, täglich anstelle eines Tagebuches zu schreiben drei Haiku zu dichten.

Hier einige seiner vorletzten Haiku, drei aus einem persönlichen Brief vom Mai 2000:

Ein gelbes Blatt fiel
still in den nebligen Wald
Erinnerungen.

Stille Bereiche
der Fantasie erglühen
im Herbstmondwechsel.

Herbsttage rollten
wie Perlen einer Kette
deren Band zerriß.[44]

Auch Hermann Hesse, dem Günther Klinge eng verbunden war, rühmte (schon 1945 in der „Lieblingslektüre") die wunderbare Erfindung des Siebzehn-Silben-Gedichts der Japaner ebenso wie deren „Streben nach äußerster Einfachheit und Kürze". So möge der kleine Beitrag von und für Günther Klinge beschlossen sein mit seinem eigenen Haiku:

Im eigenen Leben
Des Herbstes Farben finden.
Farbenharmonie.

Ju Kotobuki – „Glückliches langes Leben" von Nagaya

155

Kapitel 18
Die Zehn Ochsenbilder

Ob es sich bei dieser Geschichte in Bildern von einem Hirten mit seinem Tier um einen Ochsen, einen Stier, ein Rind, eine Kuh oder einen Wasserbüffel handelt, mag dahingestellt bleiben. Ebenso variiert die Zahl der Bilder, die sich in älteren und neueren Versionen von fünf oder sechs bis acht und schließlich zehn Abbildungen in Folge wandelt. In jedem Fall handelt es sich um den Versuch der bildhaften Darstellung des Zen-Übungsweges vom anfänglichen Suchen bis hin zum Erwachen oder Satori der Erleuchtung, was sich im Bild des leeren Kreises (Nr. 8) darstellt.

Für das Rind bzw. den Ochsen spricht auch die Tatsache des buddhistischen Ursprungslandes Indien, wo diese Art von Tieren als heilig gelten und bis heute ungestört und ungerührt Straßen und Landschaft in geruhsamem Besitz halten.

Die früheren Bildfolgen von Seikyo (fünf Bilder) und Jitoku Ki (sechs Bilder) zeichneten sich dadurch aus, daß das ursprünglich schwarze Tier zunehmend weißer dargestellt wurde – vielleicht den gleichermaßen immer weiser werdenden Geisteszustand des Hirten symbolisierend, der im jeweils letzten Bild mitsamt dem Tier in der Leere des Kreises, der Erleuchtung, entschwand. Kakuan Shien, der chinesische Zen-Meister der Sung-Dynastie, begründete die mittlerweile als klassisch geltende Folge von zehn Bildern, bei der am Ende der Erleuchtete in die normale Welt des Alltäglichen mit ihrer Vielfalt zurückkehrt – als ein Veränderter. Diese Version hat sich besonders in Japan verbreitet und bis auf den heutigen Tag immer neue Darstellungen hervorgebracht, zu denen auch die in diesem Buch verwendeten Abbildungen gehören.

Im Original stammen diese Bilder von Shubun, einem Zen-Priester des 15. Jhs., und werden im Shokoku-ji in Kyoto aufbewahrt.

Dort hatte auch der Zen-Meister Daizohkutsu Rekidoh Ohtsu seinen Sitz, dessen Roshi-Stab seine damalige Schülerin Lies Groening[45] als persönliches Vermächtnis nach Hamburg hatte mitnehmen dürfen. Von Ohtsu stammt eine der ersten deutschen Originalveröffentlichungen zur Zen-Geschichte „Der Ochs und sein Hirte"[46].

Die Anregung zur Publikation gerade dieser Form der Zehn Ochsenbilder im vorliegenden Buch ist Professor Masao Abe zu verdanken, der die zehn Holzdruck-Abbildungen von Tomikichiro Tokuriki aus Kyoto als Gastgeschenk nach Deutschland mitgebracht hatte. Auf weitere Nachforschung durch Professor Jeff Shore bei der dortigen Werkstatt stellte sich im Herbst 2000 leider heraus, daß der 1902 geborene Künstler wenige Monate zuvor im 99. Lebensjahr verstorben war, womit diese Veröffentlichung zusätzlichen Vermächtnis- und Gedächtnischarakter erhält.

Tomikichiro Tokuriki war als Mitglied der Nippon Hanga Kyokai-Gesellschaft einer der letzten Großen, der die Kunst von Holzschnitt und -druck ebenso beherrschte wie den dazugehörigen Malstil, den er bei Shunkyo Yamamoto und Bukusen Tsuchida gelernt hatte. Solche „Einmann-Holzschnittdrucker" (japanisch *Sosaku Hanga)* von Format sind selten geworden in Japan, wo diese Kunstform erst zu Beginn des 20. Jhs. (um 1907) entwickelt wurde. Zuvor waren es vor allem die als *Ukiyoe* bekannten „Bilder des weltlichen Lebens", welche die japanische Malerei und Holzdruckkunst bekanntgemacht hatten, wofür in der alten *Ukiyoe*-Schule jeweils drei unterschiedliche Meister für Malerei, Holzschnitt und Druck verantwortlich waren.

Tomikichiro Tokuriki als später echter „Einmann-Künstler" der *Sosaku Hanga* verdankte dagegen seine universelle künstlerische Ausbildung sowohl der Bijutsu Kogei Gakko-Schule für Kunsthandwerk als auch der Kaiga Semmon Gakko-Schule für Maltechnik in Kyoto und den bereits erwähnten Meistern Shunkyo Yamamoto und Bukusen Tsuchida.

Weitere Erläuterungen zu Form und Inhalt dieser Zehn Ochsenbilder enthält ein Textheft von Daisetz Teitaro Suzuki, das den Holzdrucken von T. Tokuriki beigelegt ist. Die jeweiligen „Begleittexte" zu den einzelnen Bildern stammen von dem Zen-Priester Tsi-Yüan[47].

Ein wichtiges Charakteristikum der Zehn Bilder von Ochs und Hirte ist die Anordnung jeweils in einem Kreis, womit der leere Kreis der Fülle des Nichts aus dem achten Bild in die gesamte Bildfolge als jeweils gültiger Rahmen schon einbezogen ist.

Der Hirte als der (suchende) Mensch ist unschwer als solcher zu erkennen. Im Ochsen symbolisiert sich der Gegenstand seiner Suche: der Herz-Geist, das eigene Herz oder Wesen, das es zu erkennen gilt in der „Selbst-Wesensschau" oder *Kensho* der uranfänglichen Erleuchtung. Voraussetzung für solche Suche oder Sehnsucht ist die Bewußtwerdung eines Weges, der zugleich das Ziel ist und für den die Zehn Bilder eine Art von Stufenfolge darstellen.

Mit dieser Allegorie reiht sich die Ochsen-Geschichte in die Auffassung derer ein, die eine stufenweise Annäherung an den Herz-Geist des eigenen Wesens für möglich halten. Dagegen steht die Ansicht der ursprünglich „südlichen Schule" des Zen, nach der das Erwachen des Satori nur plötzlich oder mit einem Schlag geschehen könne.

Ob er nun eher so oder so zur Erleuchtung kommt, sei dahingestellt und dem Temperament des jeweiligen Übenden überlassen. Zahlreich aber sind in der Geschichte und Überlieferung des Zen die Geschichten, in denen von langjähriger Übung und der Anstrengung des immer neuen „Sich-auf-den-Weg-Machens" die Rede ist. Dafür stehen auch die folgenden Zehn Bilder, die nun im Einzelnen als der Weg des Zen zum Selbst des eigenen Herzens beschrieben werden.

Erstes Bild: Die Suche nach dem Ochsen

Begleittext:

„Wozu das Suchen? Seit jeher ist der Ochse niemals vermißt worden. Doch es geschah, daß der Hirte sich von sich selbst abwandte: da ward ihm sein eigener Ochse fremd und verlor sich zuletzt in staubiger Weite. Die heimatlichen Berge rücken ferner und ferner. Unversehens findet der Hirte sich auf verschlungenen Irrwegen. Gier nach Gewinn und Furcht vor Verlust entbrennen wie aufflammendes Feuer, und die Meinungen über Recht und Unrecht stehen auf widereinander gleich Speerspitzen im Schlachtfeld."

Das erste Bild mit seinem Begleittext bietet bereits einen Schlüssel zum Verständnis der ganzen Serie der Ochsenbilder: Da gibt es gar nichts im besonderen zu suchen. „Berg-Fluß-Gras-Baum, alle Dinge haben Buddha-Natur" – heißt es in einem alten Zen-Wort, das oft als Tuschspur von Schreibmeistern aufgezeichnet wird. Der Hirte mit der Peitsche unter dem Arm steht inmitten der so gezeichneten Buddha-Natur. Aber er hat sie offenbar noch nicht in sich entdeckt, wo doch alles Gute so nahe läge im eigenen Herzen, das der gesuchte Ochse ver(sinn)bildlicht, nach dem der Hirte sich sehnsuchtsvoll umschaut. Das wahre Wesen des eigenen Herzen wohnt ihm inne, aber er weiß es nicht – daher die Suche, die dort ein Ende haben wird, wo er (zu) sich selbst findet; wo er sich vom wahren Weg wird finden lassen, anstatt weiter zu suchen.

Daß dieser Weg nach innen führt zur „Schatzkammer" der eigenen Buddhaschaft und ihrer Spiritualität, werden die nächsten Bilder verdeutlichen.

Quellenhinweis. Begleittexte zu den Ochsenbildern auf den Seiten 161–179: Der Ochs und sein Hirte. Eine altchinesische Zen-Geschichte erläutert von Meister Daizohkutsu R. Ohtsu, mit japan. Bildern aus dem 15. Jahrhundert, übersetzt von Koichi Tsujimura und Hartmut Buchner. Verlag Günther Neske © 1958 J.G. Cotta'sche Buchhandlung Nachfolger GmbH, Stuttgart.

Zweites Bild: Das Finden der Ochsenspur

Begleittext:

„Das Lesen der Sutra und das Hören der Lehren brachte den Hirten dahin, etwas vom Sinn der Wahrheit zu erahnen. Er hat die Spur entdeckt. Nun versteht er, daß die Dinge, wie verschieden gestaltet auch, alle von dem einen Golde sind und daß das Wesen jeglichen Dinges nicht verschieden ist von seinem eigenen Wesen. Gleichwohl vermag er noch nicht, zwischen Echtem und Unechtem zu unterscheiden, geschweige denn zwischen Wahrem und Unwahrem. Noch kann er nicht durch das Tor hineintreten. So bleibt es auch erst vorläufig gesagt, er habe die Spur schon entdeckt."

Hier ist der Hirt dem Ochsen – also seinem Selbst – auf die Spur gekommen: Er erhält eine Ahnung vom Sinn der Wahrheit, um die es jenseits aller Worte geht. Durch die Beschäftigung mit dem Wissen aus Büchern und heiligen Schriften hat der Mensch gelernt, daß alle Dinge im tiefsten Wesensgrunde eins sind.

„Alle Dinge kehren zurück zum Einen", sagt die Zen-Tuschspur, und im Ursprung dieses Wesens wohnt der Mensch selbst. Dieses Wissen ist aber vorläufig nur vom Intellekt her erfaßt und bedarf noch der Vertiefung in der Erfahrung des Herzens – nach dessen Spur wir hier unterwegs sind.

Aber immerhin, die Spur ist entdeckt, und mit dem schönen Wort von Niklaus Brantschen zu diesem Bild gilt: „Wo eine Ochsenspur ist, da ist auch ein Ochse!"[48]

Drittes Bild: Das Finden des Ochsen

Begleittext:

„Im Augenblick, da der Hirte die Stimme hört, springt er jäh zurück und trifft im Erblicken den Ursprung. Die schweigenden Sinne sind im gelassenen Einklang mit diesem Ursprung beruhigt. Unverhüllt durchwaltet der Ochse in seiner Ganzheit jegliches Tun des Hirten. Er west in seiner unabdingbaren Weise an, so wie das Salz im Wasser des Meeres oder wie der Leim in der Farbe des Malers. Wenn der Hirte die Augen weit aufschlägt und schaut, dann erblickt er nichts anderes als sich selbst."

Nun wird der Ochse zum ersten Mal sichtbar, wenn auch nur halb oder von hinten, scheinbar schon wieder auf der Flucht, was der Hirte mit Seil und Peitsche in der Hand gelassen mitanschaut. Das erste Sehen des (Geist)-Ochsen entspricht der erstmaligen Schau des eigenen Herz-Geistes, der nicht mehr zu fliehen vermag. In der Selbst-Wesensschau von *Kensho* verbinden sich Ochs und Hirte im existentiellen Einssein, wo unabdingbar keine Zweiheit mehr Raum hat: Alles ist eines, so wie die Welle sich nicht vom Wasser des Meeres trennen kann, sondern das Wesen des Meeres selbst verkörpert.

Daß es sich bei dieser Einheitserfahrung um eine erstmalige handelt, ist an dem nur teilweise sichtbaren Ochsen zu erkennen, der noch wieder ab- und fortzuschweifen sucht und nur sein Schweifteil zeigt. Doch ist es besser, den Erleuchtungs-Stier am Schwanz zu packen als gar nicht, wo er doch die Hörner (noch) nicht zeigt, an denen man auch nach westlicher Diktion den Stier zu packen hat.

Von solcher Initialerfahrung bis zur wirklichen, bleibenden und verwirklichten Wesensschau kann es aber noch ein langer Übungsweg sein, wie die Berichte vieler Meister über Zeiträume von 15, 20 oder 30 Jahren bekunden.

Viertes Bild: Das Fangen des Ochsen

Begleittext:

„Heute zum ersten Mal wurde der Ochse getroffen, der lange Zeit in
der Wildnis verborgen war. Doch die gewohnte und angenehme Welt
dieser Wildnis zieht ihn noch so stark hin, daß er nur schwer festzuhalten ist. Noch vermag er sich nicht der Sehnsucht nach dem duftenden Grasbüschel zu entziehen. Noch rast in ihm hartnäckiger Ei-
gensinn und wilde Tierheit beherrscht ihn. Möchte der Hirte den
Ochsen zur echten Sanftmut bringen, dann ist es nötig, mit der Strenge
der Peitsche zu züchtigen."

Seil und Peitsche, die bisher im Bild nur gezeigt wurden, müssen
jetzt im Kampf mit dem Ochsen in Aktion treten. Dieses, obwohl
sein ureigenstes Geist-Wesen ist dem Hirten noch fremd und bedarf
in seiner Widerspenstigkeit der Zähmung.

Harte Arbeit muß der Hirte leisten, gerade nach dem ersten Auf-
blitzen von *Kensho* im vorhergehenden dritten Bild, das nichts anderes war als ein Hinweis, eine Einladung zu weiterem strengen Üben
des ZaZen. Denn: eine Erleuchtung macht noch keinen Erleuchte-
ten, und eine Initialerfahrung macht noch keinen Erfahrenen, zu dem
der eifrig Übende im Laufe der Zeit und ihr gemäß erst werden soll.
Die Erfahrung muß ihm in Fleisch und Blut übergehen, im Wachen
und Schlafen präsent sein: „Gyo Ju Za Ga", im Gehen, Stehen, Sitzen, Liegen – in jeder Art von Tun und Lassen in Körper und Geist
soll sich das wahre Selbst des gelebten Zen in ihm manifestieren.

Dann, und erst dann, darf der Geist-Ochse als gebändigt und das
Kensho als bestätigt gelten.

Fünftes Bild: Das Zähmen des Ochsen

Begleittext:

„Kommt nur im Geringsten irgendein Gedanke auf, dann folgt diesem unumgänglich ein anderer Gedanke nach – endloses Nacheinander. Im Erwachen wird es wahr, im Irren dagegen wird alles unwahr. Alles umweltlich Anwesende ist nicht aus ihm selbst, sondern geschieht einzig aus dem anfänglichen Herzen. Halte den Zügel fest und erlaube dir kein Zögern!"

Nun geht der Ochse geduldig am Seil des Hirten, erstmals sind beide bildlich sichtbar miteinander verbunden. Etymologisch taucht hier der Begriff von Yoga oder Religion auf im „Anjochen" oder der „Rückbindung". Gott und Mensch, Buddha und die Unwissenden stehen miteinander schon immer in ungewußter Beziehung. Jetzt wird sie sichtbar im Seil der Verbindung, im Halfter des Vertrauens, das Geist-Ochsen und Hirten-Menschen vereint. Ein Funke Vertrauen ist erwacht, und zum ersten Mal sind Hirt und Ochse verbunden – locker noch, aber untrennbar auf dem Weg zur endgültigen Vereinigung, zum Erwachen des äußeren Selbst im inneren Geist.

Für die Ablenkungen auf diesem Weg gilt: „All die zahllosen, dichtgewebten Erscheinungen samt den tausend Erinnerungen und den zehntausend Gedanken, die du in diesem Augenblicke hast: sie sind doch nichts als Bilder im Spiegel deines Geistes. Nun aber gilt es, auf den Grund und Boden alles dessen zu schauen, was im Spiegel ist, und nicht auf die Bilder, die darin erscheinen." Nur so können wir den Zügel des Vertrauens halten und heimfinden zum „anfänglichen Herzen" unseres wahren Selbst.

六
騎牛
歸家

Sechstes Bild: Die Heimkehr auf dem Rücken des Ochsen

Begleittext:

„Der Kampf ist schon vorüber. Auch Gewinn und Verlust sind zunichte geworden. Der Hirte singt ein bäuerliches Lied der Holzfäller und spielt auf seiner Flöte die ländliche Weise der Dorfknaben. Er sitzt auf dem Rücken des Ochsen und schaut in den blauen Himmel. Ruft ihn einer an, so wendet er sich nicht um. Zupft ihn einer am Ärmel, so will er nicht halten."

Beim ersten Bild, auf der Suche nach dem Ochsen, war noch die Rede von „Gier nach Gewinn und Furcht vor Verlust", die hier auf der sechsten Stufe zunichte geworden sind. Die Feier eines Friedens beginnt, der sich ausdrückt im Flötenspiel des Hirten auf dem Rücken des Ochsen, der langsam und friedvoll dahintrabt, ungeführt und ungestört auf dem weglosen Weg zurück in die ortlose Heimat.

Ohtsu-Roshi schrieb dazu: „Hier waltet das Einssein von Mensch und Ochse, die Selbigkeit von sich und anderem, die Einung von Mensch und Welt. Das eine Wesen west an in allem Anwesenden und alles Anwesende scheint in das eine Wesen. Im großen Lassen von allem gibt es kein Unrecht und keinen Verlust, keinen Staub und kein Irren. Hier ist einem alles rein, frisch und offen. Dies ist die Zeit der wahren, großen Ruhe."[49]

Mit sich und der Welt im Reinen und Einen, friedlich und gelöst, so läßt sich der Mensch vom Herz-Geist seines wahren und erwachten Wesens tragen, in der ungehinderten Freiheit im Tun und Lassen des Hirten und seines Ochsen. Und das Lied seiner Flöte ist Singen und Tanzen und Stimme der Wahrheit.

Siebtes Bild: Der Ochs ist vergessen, der Hirte bleibt

Begleittext:

„Es gibt keine zwei Dharma (Wahrheiten). Nur vorübergehend ist der Ochse als Wegweiser aufgestellt. Er gleicht etwa einer Schlinge, in der der Hase, oder einer Reuse, mit der der Fisch gefangen wird. Jetzt ergeht es dem Hirten, wie wenn leuchtendes Gold aus dem Erze gebrochen würde, oder der Mond, von den Wolken sich lösend, zum Vorschein käme. Es leuchtet das eine kühle Licht, schon vor dem Tage des Weltenaufgangs."

Nun sitzt der Hirte – heimgekehrt – allein und ohne sichtbaren Ochsen vor seiner Hütte. Peitsche und Zügel wie alle Hilfsmittel *(upaya)* auf dem Weg sind überflüssig geworden und deshalb in der Hütte abgelegt, wo die Heimat des uranfänglichen Wesens der Wahrheit erreicht ist. Der Ochse, jenes beginnende Erwachen des eigenen Selbst, ist verschwunden und vergessen in der Selbst-Erwachtheit des Menschen, der mit seinem Ich nicht nur einig, sondern eins geworden ist.

Heimgekehrt in die Einkehr des Jetzt und Hier der heimatlosen Heimat, die überall ist, herrscht Ruhe den ganzen Tag. Unterwegs zurück auch in die alltägliche Welt, macht der erleuchtete Mensch sich innerlich frei von dieser Erfahrung der Erleuchtung oder des Selbst-Erwachens, indem er sie vergißt. Frei und erwacht, gelöst auch von der Erfahrung des Erwachens, integriert er diese in sein Leben und Sein, in der Selbst-Vergessenheit echter Demut und Selbstlosigkeit. Und der volle Mond der unendlichen Weisheit spiegelt sich im Herzsaal seines ganzen neuen und doch uranfänglichen Wesens.

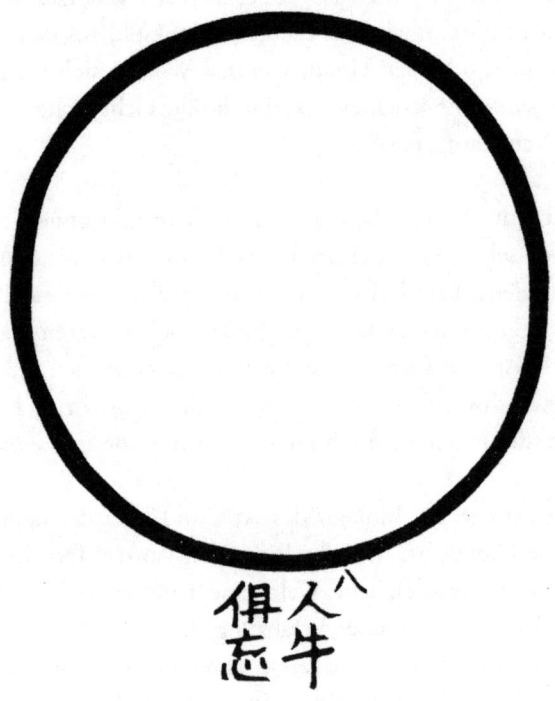

Achtes Bild: Die vollkommene Vergessenheit von Ochs und Hirte

Begleittext:

„Alle weltlichen Begierden sind abgefallen und zugleich hat sich auch der Sinn der Heiligkeit spurlos geleert. Verweile nicht vergnügt am Ort, in dem der Buddha wohnt. Gehe rasch vorüber am Ort, in dem kein Buddha wohnt. Wenn einer an keinem von beiden hängenbleibt, kann sein Innerstes niemals durchblickt werden, auch nicht vom Tausendäugigen. Die Heiligkeit, der Vögel Blumen weihen, ist nur eine Schande."

Nun ist auch der Hirte verschwunden. Was bleibt, ist der leere Kreis, wie er auch die Bildhaftigkeit aller bisherigen Stationen umschlossen hatte. In seiner Leere aber bietet dieser Kreis Raum für Alles und Nichts, – und damit auch für die „Fülle des Nichts". Der Kreis kann auch mit einem blanken Spiegel verglichen werden, der zwar an sich und damit in seiner bloßen Existentialität leer ist. Zugleich aber ist er potentiell gefüllt mit der absoluten Macht, alles wiederzugeben aus der Begegnung, ohne es festhalten zu können oder zu wollen. Heiliges und Weltliches sind spurlos verschwunden: Es geht hier um das absolute Nichts, um die unendliche Offenheit. Dieses vollkommene Nicht-Sein ist der ursprüngliche Ort, dem alles Denken und jedes Wissen entspringt.

In diesem Bereich gibt es nichts, was kommt und nichts, was geht. Es gibt keine Geburt und kein Sterben, nicht das endlose Nacheinander der Gedanken. Im Hier und Jetzt sind die ewige Vergangenheit und die ewige Zukunft; es erfüllt über alle Zeiten und Räume den ganzen Kosmos. Dem phänomenologisch leeren Spiegel entspricht das Herz des Menschen, mit dem er die Dinge auf sich zukommen läßt, ohne sie aufzunehmen. Der wahre Geist und die wahre Natur in uns selbst oder die Geistigkeit an sich existieren immer, ungeachtet unseres geistigen Zustands – erleuchtet oder nicht, der Geistigkeit innegeworden oder nicht. Der leere Kreis ist das Bild für die Grundlage der geistigen Vollendung, wie der volle Mond das Bild der vollkommenen Wahrheit und Weisheit darstellt: unerschöpflich gespiegelt im klaren Wasser, das sein Bild enthält, ohne ihn zu halten.

Neuntes Bild: Zurückgekehrt in den Grund und Ursprung

Begleittext:

„Aus dem Anfang ist es rein, und es gibt keinen Staub. Dort beschaut einer den wechselnden Aufgang und Untergang des Seienden und wohnt selbst in der gesammelten Stille des Nicht-Machens. Er läßt sich nicht von vergänglichen Trugbildern der Welt täuschen und bedarf keiner Einübung mehr. Blau fließen die Ströme, grün ragen die Gebirge. Er sitzt bei sich selbst und beschaut den Wandel aller Dinge."

Nach dem Durchbruch im achten Bild, dem Durchgang durch das Nichts des leeren Kreises, bleiben Ochs und Hirte verschwunden – vereint in ihrem uranfänglichen Wesen des Herz-Geistes. Nun sind Berge wieder Berge, der Fluß ist durchaus der Fluß und der Vogel singt: Natur pur, ähnlich dem ersten Bild der Ochsengeschichte. Nun aber sieht der Mensch sie anders, obwohl sie gar nicht anders ist: Er sieht sie mit dem Auge des Erwachten erstmalig so, wie sie wirklich ist – und in ihrer wahren Soheit immer war.

Der Mensch, der sein wahres Selbst realisiert hat und ganz bei sich und seinem eigenen, eigentlichen Wesen ist, kann auch bei den Dingen, der Natur, der Sache sein. Ihm ist die Welt kein Anderes, sondern ein „Ich-noch-einmal". Diese wirkliche Welt mit ihrer einfach so existierenden wirklichen Natur ist nichts anderes als die Präsenz des anfänglichen Wesens. Betraf die achte Stufe das Wesen, die Ungeschiedenheit, so gilt die neunte hier dem Anwesenden, der Unterschiedenheit. Das Werden des absoluten Nein aus der Leere des Nichts zum absoluten Ja zur Welt muß zugleich die Rückkehr alles Anwesenden in das Wesen sein. Die Ungeschiedenheit ist zugleich die Unterschiedenheit und die Unterschiedenheit ist die Ungeschiedenheit. „Alles kehrt zurück in das Eine" sagt mit der Tuschspur ein klassisches Zen-Wort.

Zehntes Bild: Das Hereinkommen auf den Markt mit offenen Händen

Begleittext:

„Die Reisigpforte ist fest verschlossen, und selbst der weiseste Heilige kann ihn nicht sehen. Er hat sein gelichtetes Wesen schon tief vergraben und erlaubt sich, von den befahrenen Geleisen der altehrwürdigen Weisen sich abzuwenden. Bald kommt er mit einem ausgehöhlten Kürbis herein auf den Markt, bald kehrt er mit seinem Stab in seine Hütte zurück. Wie es ihm gefällt, besucht er die Weinkneipen und Fischbuden, um die betrunkenen Menschen zu sich selbst erwachen zu lassen."

Im zehnten und letzten Bild ist menschliches Leben wieder in die vom Kreis umschlossene Natur eingekehrt – Heilung aus der Begegnung. Der dickbauchige Greis mit dem fröhlichen Gesicht, Bu-dai oder Hotei genannt, trifft den jungen Hirten mit seinem Stab und kleinen Gepäck. Der Tuchsack des Hotei an seinem langen Stab dagegen ist groß und vielfach geflickt. Er enthält alles, was sich im Laufe seines Lebens äußerlich bei ihm angesammelt hat – einschließlich seines verschlissenen ZaZen-Sitzkissens.

Bei manchen früheren Darstellungen der Ochsenbilder sieht man hier nur den Alten allein hereinkommen, doch hat gerade das Treffen mit dem Jungen zusätzlichen Symbolcharakter für die zwischenmenschlich-dialogische Welt. Hier kommt der Bodhisattva als ein Erleuchteter, der in sich selbst die Bezeugung der Wahrheit zur Vollendung kommen ließ, zurück in die Alltagswelt, um die anderen teilhaben zu lassen an seinem Erleuchtungswesen gemäß dem Gelübde des Bodhisattva, „alle lebenden Wesen zu erretten".

Dieser „Kerl" (Ohtsu) ist weder weltlich noch heilig, wohnt weder in den Leidenschaften noch in der Weisheit. Er kommt aus dem wundersamen Ort des Nichts, der Ungeschiedenheit, in die Welt der mannigfaltigen Unterschiede des Alles, „wo sich das Selbst selbstlos zum Ich-Du als Doppelselbst in der Begegnung aufschließt" (Ueda).

Der Weg des hier gezeigten und gezeichneten Bu-dai war offensichtlich ungewohnt und regellos. Er vergrub sein gelichtetes Wesen in der Gestalt eines Bettelmönches, der schlief, aß und trank, wo es ihm gerade paßte und sich ergab. Frei von jeder Fremdbestimmung nach Brauch oder Sitte, verkehrte er mit Vorliebe in Weinkneipen und Fischbuden, wie die Kürbisflasche in seiner Hand andeutet. Gerade dort im Gespräch mit den einfachen Menschen wirkt er, selbst ein Verwandelter, an der Verwandlung und Rettung im Sinne des Seelenheils – der Erleuchtung – anderer mit.

Wenn im Begleittext von den Betrunkenen die Rede ist, die er zu sich selbst erwachen läßt, so ist dies nicht nur im Sinne nachalkoholischer Ernüchterung gemeint. Die Trunkenheit der normalen Menschen vor dem Erlebnis der Erleuchtung besteht vielmehr in der Unwissenheit ihres wahren Wesens.

Das Wissen um das wahre Selbst entsteht erst aus der Erfahrung der Selbst-Wesensschau *(Kensho)*. In ihrer Klarheit entfällt die Verblendung der Selbst-Trunkenheit: im schlagartigen Erkennen der schon immer vorhandenen Wahrheit, die nur durch die Trennwand der Phänomene verdeckt war und von der wir also im Grunde nie getrennt waren.

Aber wie sagt auch Meister Dogen nach seiner Erleuchtung in bezug auf die uranfängliche Perle der Buddha-Natur: „Auch wenn man ursprünglich Buddha ist – ohne Übung erkennt man es nicht, ohne Erleuchtung erscheint es nicht." Und zur Übung selbst und ihrem Ort sagt er: *Waga shin kore dojo* – „Dein eigenes Herz, das ist die Übungshalle!"

Dafür dient also dieser Weg, beschrieben und bebildert in den Zehn Ochsenbildern als einer klassischen Schritt- oder Stufenfolge der Zen-Übung, hin zum eigenen Herzen, in dem zugleich alles eins ist. Dabei gibt das letzte Bild für das Weiterleben in der Welt, auch als ein Erwachter, den allegorischen Hinweis, wie wir ihn schon von Bodhidharma kennen: „Große offene Weite – nichts von heilig". So kommt denn auch der Weise auf erstes Ansehen nicht als solcher erkennbar zurück. „Das Gesicht mit Erde beschmiert, der Kopf mit Asche bestreut, auf den Wangen ein mächtiges Lachen": So wirft er sich in das wogende Meer des täglichen Lebens auf dem Markt, um – selbst verwandelt – anderen zur Verwandlung zu helfen.

Ein solcher zum wahren Selbst erwachter Mensch erscheint ganz gewöhnlich und unauffällig, offen für alles und alle. „Offen und schenkenden Herzens vermischt er sich dem Licht und dem Staub. Wie kann man ihn nennen? Einen unabhängigen, offenherzigen und wahren Menschen? – Oder einen Narren? Oder einen Heiligen? Er ist der ‚heilige Narr' … und als solcher das unausschöpfbare, schöpferische Spiel des anfänglichen Lebens" (Ohtsu).[50]

Schon in den Anmerkungen zum Chorgesang des Hakuin (siehe Kapitel 4) war zu lesen, daß der vollkommene Weise auch äußerlich so auftritt wie ein Kind und oft sogar wie ein Narr, als ob er niemals Nirvana erlebt hätte. Er verbirgt nichts, er zeigt nichts: er ist (einfach so) – in der existentiellen Soheit. Shizuteru Ueda sagt es mit den Worten: „Das wahre erwachte Selbst wohnt nicht im sogenannten Nirvana. Es wohnt auf der viel befahrenen und begangenen Weltstraße und zugleich im Nichts . . . auf der Weltstraße als im Nichts, im Nichts als auf der Weltstraße."

Dort kann man ihm dann vielleicht auch begegnen, plötzlich und unerwartet: in Gestalt des Bodhisattva als Postboten, als Straßenbahnschaffner oder Brotverkäufer, als Manager und „Roshi im Nadelstreifen", von dem Bernd Joschke und Peter Stemmann[51] schreiben, oder ganz einfach als „Zen-Lebemann". Er braucht dazu heute nicht mehr den Kopf mit Asche bestreut haben, auf dem er eher eine Golfkappe trägt, mit der er gegebenenfalls als Ho Lin Wan mit Eugen Pletsch dem „Weg der weißen Kugel"[52] folgt oder auch nur – ganz Weltmann – im Clubhaus in guter Gesellschaft einen Kir Royal oder ein Bier trinkt.

Kapitel 19
Zen-Buddhismus und Psychoanalyse

Unter dem obigen Titel erschien in den sechziger Jahren die deutsche Ausgabe[53] des in englischer Sprache bereits 1960 veröffentlichten Buches „Zen-Buddhism und Psychoanalysis". Es verdankte seine Entstehung einer Arbeitstagung des Instituts für Psychoanalyse an der medizinischen Fakultät der autonomen Staatsuniversität von Mexiko, die in der ersten Augustwoche des Jahres 1957 in Cuernavaca, Mexiko, unter diesem Titel abgehalten wurde. An ihr nahmen etwa fünfzig Psychiater und Psychologen aus Mexiko und den USA teil, darunter auch die Autoren des Buches: Daisetz Teitaro Suzuki, Erich Fromm und Richard de Martino. Die Beiträge der drei Autoren enthalten eine Fülle von Gedanken zur Situation des Menschen in unserer Zeit und waren Anfang der sechziger Jahre grundlegend für die Beschäftigung mit Zen und Tiefenpsychologie in Wissenschaft und Praxis. In seinem Beitrag vergleicht Fromm immer wieder westliches Gedankengut und seine Bewußtseinsschulung mit dem direkten Erfassen der Wahrheit im Zen, wofür er in der Intuition nach Spinoza (und C. G. Jung) eine Parallele sieht. Sich des Unbewußten bewußt zu werden bedeutet, aufzuwachen aus Illusion, Fiktion und Lüge – und die Wirklichkeit so zu sehen, wie sie ist.

Diese innere Revolution des erwachten Menschen entspricht in der Tat genau dem Zen-Erwachen. „Sich des Unbewußten bewußt zu sein bedeutet, offen und aufnahmebereit zu sein und nicht zu haben, sondern zu sein." Hier kündigt sich schon die Thematik Fromms späterer Veröffentlichung aus dem Jahre 1976 an: „Haben oder Sein – Die seelischen Grundlagen einer neuen Gesellschaft"[54]. Inzwischen von Mexiko ins Tessin umgesiedelt, ist Fromm allerdings so fair, schon im Vorwort auf das bereits 1969 erschienene Buch seines schweizerischen Kollegen in der Psychotherapie, Balthasar Staehelin, „Haben

und Sein" sowie auf den Titel von Gabriel Marcel, „Sein und Haben"
(1954) hinzuweisen.

In „Zen-Buddhismus und Psychoanalyse" stellt er auch dem Lehrer im westlichen Sinne den Zen-Lehrer gegenüber. Letzterer ist ein
Meister, weil er seinen eigenen Geist gemeistert hat und daher den
Schüler am einzigen teilhaben lassen kann, was er hat und ist: an
seinem Sein. Trotz allem, was der Meister durch sein Vorleben für den
Schüler tun kann: Erfassen und erfahren kann jener, kann jeder die
höchste Wirklichkeit nur selbst. Mit den drastischen Worten eines
Zen-Meisters an seinen Schüler zum weiteren Ansporn: „Ich kann für
dich noch nicht einen einzigen Furz lassen!"

Ich und Selbst spielen auch in der Tiefenpsychologie eine grundlegende Rolle. Im Zen sagt man, es müsse das kleine Ich in der Übung
des ZaZen auf dem Sitzkissen gründlich umgebracht werden. Über
der Eingangshalle der Zendo steht meist in Holz eingebrannt das
Zeichen: „Geburt und Tod sind feierliche Ereignisse …" Bei Fromm
lesen wir dazu: „Die Geburt ist nicht ein augenblickliches Ereignis,
sondern ein dauernder Vorgang. Das Ziel des Lebens ist es, ganz geboren zu werden, und seine Tragödie, daß die meisten von uns sterben, bevor sie ganz geboren sind. Zu leben bedeutet, jede Minute
geboren zu werden. Der Tod tritt ein, wenn die Geburt aufhört."

Dieses Problem von Leben und Tod macht den Sinn des Lebens
aus. „Leben/Sterben, das ist die einzige große Sache" (Ueda), und
Ryokan sagte: „Es ist gut, beim Sterben (bewußt) zu sterben. Das ist
die einzige Weise, dem Sterben zu entkommen."

In dem sehr viel später und nur in englischer Sprache erschienenen
Buch „Buddhism and the Art of Psychotherapy" von Hayao Kawai[55]
wird versucht, den Zehn Ochsenbildern einen Entwicklungsweg aus
westlich-mythischer Sicht in Bildern aus dem Rosarium Philosopho-
rum der Alchemie von C. G. Jungs „Psychologie der Übertragung" in
folgender Reihenfolge gegenüberzustellen:

Ausgehend vom Individuationsprozeß nach der Jungschen Psychologie werden die Bildfolgen verglichen, wobei das Rosarium bis zum fünften Bild (der conjunctio) ein Weg durch das Unbewußte ist. Im Tod und den folgenden Bildern wird das vereinigte Paar dann als ein Körper mit zwei Köpfen, männlich und weiblich, *animus* und *anima,* dargestellt. Der Autor weist auch darauf hin, daß das „kollektive Unbewußte" bei Jung ohnehin voller Archetypen verschiedenster Art ist, weit über weiblich und männlich hinaus. Abgesehen davon, daß eine Frau in den Ochsenbildern nirgends auftaucht, bleibt noch ein Blick auf die Parallelität der beiden jeweils letzten Bilder. Während dort der lachende Bodhisattva auf dem Markt mit dem Jungen zusammen als eine durchaus konkret vorstellbare Konstellation des dialogischen Lebens zu sehen ist, haftet dem Bild des „Neuen Menschen" als transgeschlechtlichem Hermaphroditen wohl etwas mehr von mythologisch-idealisierter Vorstellung an.

Die Geschichte, die dem genannten Buch „Buddhism and the Art of Psychotherapy" von Hayao Kawai das Titelbild gab, ist eine weitere Folge von fünfzehn (!) neuen Ochsenbildern in bunten Farben, gemalt von einer Frau in Psychoanalyse. Abgesehen von dem Bruch mit der Tradition und ihren klassischen (bis zu maximal) Zehn Ochsenbildern in Schwarz-Weiß, wird zu den durchaus eindrücklichen modernen Bildern erläutert, was es damit auf sich hat: „Nun, dies hier ist mein Ochse, den ich Ihnen zeigen wollte", erklärt die malende Pati-

Nasake, „Mitgefühl" von Kanjuro Shibata

entin dem Therapeuten. „Wie Ihrer aussieht, weiß ich nicht. Bitte, schauen Sie sich um und finden Sie Ihren eigenen Ochsen!"

Interessant unter den beschriebenen Aspekten ist auch der Beitrag von Christian G. Meyer in dem bereits zum Bogen-Weg (siehe Kapitel 11) erwähnten Bericht über das Internationale Kyudo-Symposium vom 12. – 14. August 1994 in Hamburg. Unter dem Titel „Kyudo – eine Erfahrung von Existenz" zieht er eine ausdrückliche Parallele zwischen Kyudo und Psychoanalyse, nachdem er zunächst das Bogenschießen trotz aller Skepsis, insbesondere auch von Feliks Hoff, dem Zen angenähert hat. Er beschreibt dazu Zen wie Kyudo als einen möglichen Weg zur Selbstfindung, Selbsterkenntnis und Selbstbestimmung mit durchaus höheren Zielen moralisch-ethischer Art bis hin zur Auseinandersetzung mit dem Tod.

Wesentlich dafür ist, daß sich ein Mensch freiwillig dazu entschließt, in immer andauernder Anstrengung seine Form und Haltung innerlich und äußerlich zu verbessern. Dazu gehört – daraus entsteht – eine Modifizierung auch des alltäglichen Verhaltens. In der geschulten Präsenz von Körper und Geist in möglichst ununterbrochener Arbeit der Aufmerksamkeit wendet sich der Blick wie von selbst nach innen. In der sonst nur selten erlebbaren Einheit von Körper und Geist merkt der Übende, daß jeder Moment einzigartig ist, unwiederholt und unwiederholbar in der stetigen Gegenwärtigkeit des ewigen Jetzt und Hier. Eine Leistung der Psychoanalyse ist nach Meyer die Erkenntnis, daß der Mensch auf sich gestellt ist und nur er selbst sich erlösen kann, was dem eigenverantwortlichen Erwachen im Zen entspricht. Von daher sieht er im Kyudo und der Psychoanalyse ähnliche Angebote zur Entwicklung und Lebensbewältigung für den Menschen.

Kensho, „Wesensschau/Satori" von Nagaya

Kapitel 20

Erleuchtung ist überall

Mit dem japanischen Begriff Satori (abgeleitet von dem Verb *satoru* = „erkennen") wird allgemein das Ziel jeder Zen-Übung bezeichnet, wenn man denn ein solches überhaupt benennen wollte. Das japanische Schriftzeichen für Satori wird gebildet aus zwei Teilen: „Herz/ Geist" und „Selbst". Demnach wäre die „Erleuchtung" also mit der Einsicht in den eigenen Geist erreicht. *Do* = der „Weg", in vielerlei Zusammensetzungen auf den Wegen in den vorhergehenden Kapiteln beschrieben, ist der japanische Ausdruck für das ursprünglich chinesische *Tao,* das mit dem *Tao te king* des Laotse schon einer breiteren Leserschaft bekannt wurde. Dort wird auch gesagt, daß der Weg (schon) das Ziel ist, das also gar nicht erreichbar ist oder als ein von uns getrenntes zu sein braucht.

Der Weg führt also nicht zum Ziel, sondern er hat es in sich – auch in des Wortes erweiterter und damit eigentlicher Bedeutung. Mit Nietzsche gilt die Frage nicht dem Ort des „Wo", sondern der Aufforderung zu gehen, auch ohne zu wissen wohin – in der Ortlosigkeit alles Lebens und Seins: *Do statt Wo.* Dies entspricht der Koan-gemäßen Forderung von Hisamatsu, einzutreten in die absolute Ausweglosigkeit – nämlich des eigenen Herzens.

Der weglose Weg dorthin führt durch das torlose Tor oder *Mumonkan* (siehe dazu die in Kapitel 3 beschriebene Koan-Sammlung des Meisters Mumon) bzw. die Folge der Zehn Ochsenbilder, wie sie in Kapitel 18 gezeichnet und gezeigt wurden. Der Weg dorthin, in die Fülle des Nichts des eigenen Herzens, ist von allem Anfang des Menschseins an da in der „großen offenen Weite" der Worte, die Bodhidharma dem Kaiser Wu-ti auf die Frage nach dem höchsten Sinn der heiligen Wahrheit geantwortet hatte: „Nichts von heilig" – aber alles zum Heil-Sein oder Wieder-Heil-Werden ist dort enthalten, wenn wir es erst erkennen aus dem Einblick in das eigene Wesen, der „Wesensschau" oder Kensho, das auch als Vorstufe oder anderer Begriff für das Satori der individuellen Erleuchtung gebraucht wird.

Diesem „Schon-immer-da-Sein" des Herz-Geistes im dann eigenen Erleben entspricht besser der Begriff des Erwachens als der Erleuchtung: Erwachen zum Licht oder zur Wahrheit, von der wir im Grunde nie getrennt waren. Es geht also nicht darum, in der Erleuchtung etwas zu bekommen, zu gewinnen oder zu erhalten, sondern etwas loszulassen. Es geht um das Ablassen von der ständigen Selbst-Täuschung, um das Abfallen von Täuschungen, verkehrten Vorstellungen und Anschauungen, die den Blick verstellen für das Wesen

Enso, „Der Kreis" von Nagaya

des Wesentlichen. Diese Erkenntnis werden wir aber erst in der Durch-
lichtung des eigenen Herz-Geistes gewahr.

Mit den Worten von Dogen Zenji heißt es in bezug auf die uran-
fängliche Perle der Buddha-Natur: „Auch wenn man ursprünglich
Buddha ist – ohne Übung (des ZaZen) erkennt man es nicht, ohne
Erleuchtung erscheint es nicht."

„Erleuchtung ist überall, man bemerkt das nur nicht" – so formulierte es Professor Nagaya während eines Sesshin. Und während er
den vollkommenen, leeren Kreis *(Enso)* gemäß dem achten Ochsen-
bild freihändig aus dem Hara heraus mit dem Tuschpinsel vollzog,
fügte er hinzu: „Muß man mit dem Kosmos eins sein!" Mit dem Kosmos wie mit der Welt, mit sich selbst und den anderen, mit dem
jeweiligen Sein und seiner Situation ganz und gar eins zu sein – das ist
die Forderung, die sich an den Erwachten stellt, der Erleuchtung erfahren durfte. Ihm wurden damit alle Koans aus Vergangenheit, Gegenwart und Zukunft der Lösung zugeführt, die er absichtslos, wenn
auch aktiv und existentiell frei weiterführen muß auf seinem Lebensweg, dessen Ziel – er selber ist.

Nach Hugo M. Enomyia Lassalle und einem seiner japanischen
Lehrer, den er zitiert, geht es im Satori um nichts anderes als die ethi-
sche Vollendung des Menschen – also darum, ein ganz normaler und
wahrer und möglichst vollkommener Mensch zu werden. Beim Verstehen des Menschseins geht es nicht nur um das eigene Wesen, sondern um das des tiefsten Wesens allen Seins. Um dahin zu gelangen,
um den „tiefsten, wahren Anthropos" zu schauen, bedarf es der Klarheit des Nicht-Ich *(Muga),* des großen Ich oder Selbst, auch „ursprüngliches Selbst" genannt, das jeder Mensch schon immer hat oder ist,
auch wenn er sich dessen (noch) nicht bewußt ist.

In der Klarsicht der Selbst-Wesensschau des Kensho wird der Blick
frei von der Trübung durch Ichhaftigkeit und frei für die Dinge selbst
in ihrer nicht verstellten Selbstverständlichkeit, so wie sie wirklich
sind. In solchem selbstlosen und vollkommenen, grenzenlosen Eingehen in die Dinge selbst und ihr Wesen ergibt sich die Erfahrung der
Einheit, der Aufhebung der Dualität zur „Wie-Eins-heit" *(ichi nyo)*
oder „Nicht-Zweiheit" *(advaita).* Solche Erfahrung entspricht dem

Bild des Spiegels, der zwar existentiell leer und damit klar ist und bleibt, aber phänomenologisch alle Gegenstände in ihrer Bildhaftigkeit aufnimmt und wiedergibt, ohne die wechselnden Eindrücke auf seiner glatten Oberfläche festhalten, haften lassen zu können.

So rät auch Tschuang-tse dem Weisen, sein Herz zu benutzen wie einen Spiegel: „Er sucht die Dinge nicht und geht ihnen nicht entgegen. Was auf ihn zukommt, nimmt er in seinem Spiegel auf, tut aber nichts dazu, es dort zu halten. Das aber ist es eben, was ihn fähig macht, über alles zu siegen und selbst nie verletzt zu werden."

Führt man das Bild des Spiegels fort, so gleicht die Erleuchtung dem Spiegelbild, das sich in einem Spiegel vom anderen leeren Spiegel widerspiegelt. Nach einem anderen Wort entsteht Erleuchtung dort, wo das Bewußtsein sich seiner selbst ohne jeden weiteren Inhalt bewußt wird. Den Schlüssel bietet also das Bewußtsein, das reine, gegenstandslose und „raum-, zeit- und zeichenlose" Gewahrsein von Bewußtsein an sich, das in unaufhörlicher Selbst-Wachheit den Erwachten begleitet. Solches Bewußtsein ist inhaltslos und unbegrenzt, nicht erfüllt von oder definiert durch etwas, sondern nur reines, bewußtes Sein, Existenz, die sich ihrer selbst bewußt geworden ist.

Ein solcher Zustand reinen Bewußtseins ist reine Selbsterfahrung und damit auch reine Selbsterkenntnis, wobei Erkennendes, Erkanntes und Erkenntnisakt in einem zusammenfallen: Alle drei sind das gleiche Selbst. „Form ist nichts als Leere, Leere ist nichts als Form", lautet die Kernaussage des *Mahaprajnaparamita-* oder *Herz-Sutra*. Auch in der Beschreibung des Bogen-Weges von Kyudo konnten wir erfahren, daß Bogen, Pfeil und Ziel eins sein müssen, um zu der Erfahrung zu gelangen, daß „Es" schießt, ohne daß der Schütze sich noch störend in den rituellen Ablauf der Übung einmischt.

„Die Wahrheit ist des Himmels Weg, ihn zu verwirklichen, ist des Menschen Weg" – heißt es in einer klassischen Zen-Weisheit.

Im Gegensatz zur christlichen Pilatus-Frage nach der Wahrheit entzieht diese sich hier dem Wissen- und Haben-Können und eröffnet sich nur der Gelebtheit existentieller Verwirklichung im Sein, wozu auch die Beschreibung der Erleuchtung als einer Seinserfahrung paßt. Wie schon am Ende von Kapitel 4 näher ausgeführt, wachsen die

Früchte der Wahrheit nicht am Baum der Erkenntnis, sondern am Baum des Lebens – dem potentiellen Baum der Erleuchtung -, wobei sich die Wurzeln beider Bäume in der tiefsten Erfahrung des All-Einen miteinander verbinden.

„Jenseits aller Worte" liegt die Wahrheit, wie wir schon im *Lankavatara-Sutra* (vgl. Kapitel 1) gehört haben. *Isshin-Denshin,* „von Herz zu Herz" sprechen, mit dem Herzen hören können nur die, die reinen Herzens sind; das heißt, deren Herz völlig entleert ist von allen Anwandlungen des selbstbezogenen „kleinen Ich". Das größere oder „Himmel-Herz" *(ten-shin)* derer, die sich der „Fülle des Nichts" überlassen haben, hat und gibt Raum für Alles und Nichts – und dies aus der Fülle der Stille, die sich im Schweigen als der Sprache des Zen artikuliert.

Wer auf diese Art die Vollendung des Nichts erfährt, erfaßt die Wahrheit in der Spontaneität unmittelbarer Intuition, frei von aller Vermittlung durch Sinnesorgane und Verstandesdenken. In der Erfülltheit des Nichts wohnt zugleich das Absolute jener angesprochenen Ausweglosigkeit, in die es einzutreten gilt als der heiligen Halle des eigenen Herzen. Dort findet sich die über allen Teilen stehende Ganzheit, die über allen Gegensätzen stehende Vollkommenheit, die über allen Wirkungszusammenhängen stehende Freiheit – die höchste Wahrheit selbst.

Auch bei einer solchen Erfahrung des Erwachens gilt jedoch, nicht stehenzubleiben, sondern sie tief in sich aufzunehmen, zu integrieren in das eigene Sein und Werden der existentiellen Verwirklichung im weiteren Vorwärtsschreiten. Dazu gehört auch die Transpersonalität des alltäglichen Lebens im Umgang mit sich und anderen. Erst in der Gelebtheit des immer neuen Hier und Jetzt zeigt sich die Wirkung eines Erleuchtungserlebnisses – wenn es denn eines war.

Auch wenn die Perle der Buddha-Natur und damit die Potentialität der Erleuchtung grundsätzlich in jedem Menschen schlummert: Im einen oder anderen Fall mögen die persönlichen Verhältnisse oder karmischen Umstände mehr oder weniger hinderlich oder förderlich sein. Wohl aber sollte jeder Mensch zu der Vollkommenheit gelangen, die für ihn persönlich im Bereich der Möglichkeit liegt.

Erleuchtung hin oder her, erkannt oder nicht, anerkannt oder unerkannt und bislang vielleicht noch gut verhüllt in den Alltags-
gewändern eines einfachen Menschen: Die konsequente Übung des
ZaZen ist mit oder ohne Satori ein Weg zu größerer innerer Freiheit,
ein Weg zu mehr Menschlichkeit und Ruhe im Innen und Außen, ein
Weg zur Meisterschaft des Menschlichen auch ohne äußeren Meister
– ein Weg zum Herzen aller Dinge.

„Der Durchbruch!" von Astrid Kaiser

Kapitel 21

Zen in Deutschland – heute

Es würde den Rahmen dieses Buches sprengen, wollte man alles beschreiben, was sich hierzulande mittlerweile unter dem Namen und Anspruch von „Zen" tut, auftut und tummelt. Dazu wird ganz bewußt diese distanzierende Betrachtung und Diktion gewählt, denn vieles von dem, was da so angeboten wird, hat wahrlich nicht viel mit Zen im Sinne der in diesem Buch beschriebenen Ernsthaftigkeit von Praxis und Übung gemeinsam.

Besonders gefährlich für unbedarfte Anfänger und Suchende sind die vielen selbst- und neuernannten Meister und Lehrer, die sich oft durch nichts anderes auszeichnen als einen asiatisch-klangvollen Namen und persönliche Überheblichkeit. Meist noch weit entfernt sind sie von der Meisterlichkeit des Menschlichen, wie Zen sie anstrebt und wie sie erkennbar und spürbar den wirklich meisterhaften Menschen ausmacht, der dafür gar keinen besonderen Namen braucht und einfach durch sein „So-Sein" wirkt. Auch die verschiedenen neuen Institute, Akademien, Seminare oder Vereinigungen mit dem Etikett „Zen" sind oft von recht zweifelhaftem Wert, der sich dem potentiellen Schüler nur bei sehr kritischer Aufmerksamkeit erschließt oder auch nicht.

Abgesehen von dem unbedingt notwendigen und gegebenenfalls auch untrüglichen persönlichen Augenschein ist dafür sicher die Frage nach dem jeweiligen persönlichen Lehrer oder Meister hilfreich, woraus sich die entsprechende Linie der Tradition oder Kompetenz bzw. Lehrbefugnis ergibt oder auch nicht. In meinem Buch „Begegnungen auf dem Zen-Weg"[56] werden einige authentische Persönlichkeiten beschrieben, wie Niklaus Brantschen, Pia Gyger, Professor Michael von Brück, Richard Baker, Fumon Nakagawa, Willigis Jäger und Yoshiko Oshima.

Abgesehen von diesen wenigen Hinweisen aus der persönlichen Bekanntheit und Erfahrung gibt es in neuerer Zeit im Internet natürlich die Möglichkeit, entsprechende Suchmaschinen einzuschalten, etwa unter www.Zen-institut.com oder www.Buddhismus-Deutschland.de, wo nicht weniger als 150 buddhistische Gruppen der Zen-Tradition registriert sind. Da nicht alle Zen-Gemeinschaften auch der Deutschen Buddhistischen Union (DBU, Geschäftsstelle München) angehören, mag die Zahl der praktizierenden Gruppen noch viel höher sein. So weist beispielsweise das Programmheft des Hauses St. Benedikt in Würzburg (www.Spirituelle-Wege.de) für 2001 im Anhang mehr als 200 Adressen von Gruppen aus, die mit dem Haus in Verbindung stehen – was immer das im einzelnen bedeuten mag.

Wenn man bedenkt, daß der japanische Generalkonsul Fujita bei einer Rede im Rathaus in Frankfurt/Main (mit dem Thema: „Zen kam auf einem Schilfblatt – die Spuren des Daruma im heutigen Japan") am 8. Oktober 1997 erwähnte, daß sich die Zahl der Zen-Zentren in der Bundesrepublik von 15 (1975) auf 51 (1991) erhöht habe, dann wird deutlich, was für ein Zen-Boom hier gerade im letzten Jahrzehnt stattgefunden hat.

Ohne diese eindrückliche Zahlenreihe einer wie auch immer gearteten qualitativen Bewertung zu unterziehen, bleibt festzustellen, daß dem Einzelnen heute wirklich wesentlich mehr Möglichkeiten zur Information zur Verfügung stehen als in früherer Zeit. Daß dies nicht zuletzt dank der neuen Medien geschieht, gehört eben auch zur neuen Zeit, und es darf als charakteristisch erscheinen, daß selbst ein so ausgesprochen christlich-konservatives Institut wie der Erbacher Hof der Akademie des Bistums Mainz im Februar 2001 eine Fachtagung zur Medienphilosophie den philosophischen Implikationen und Konsequenzen von Internet und Cyberspace widmete. In geradezu Zen-gemäßer Diktion war dort der Vortrag von Professor Bernd Guggenberger angekündigt: „Von der Raum- zur Zeitordnung: Unterwegs im Nirgendwo" – an anderer Stelle schon beschrieben als „das ortlose Nirgendwo des Jetzt".

Unter dem provokatorischen Titel „Das digitale Nirwana"[57] schreibt Guggenberger vom „Verlust der Wirklichkeit in der schönen neuen

Online-Welt". Solcher Verlust aber ist nur denkbar in der virtuellen Computerwelt oder Stadt von Telepolis, während es in der „raum-, zeit- und zeichenlosen Leerheit" *(Shunyata)* des erfüllten Nichts von Jetzt und Hier im Zen um die Wirklichkeit der großen Stille unseres wahren Wesens geht, die nur im Inneren des eigenen Herzens aufgehen kann.

Solche Anwesenheit bedarf der stets gewärtigen Präsenz von und in Körper und Geist, die sich und ihrem wahren Selbst Ausdruck gibt in Handlung und Haltung: *Gyo Yu Za Ga,* „im Gehen, Stehen, Sitzen, Liegen", das in seiner Bewußtheit und bewußt geübten Gelebtheit nur dem Menschen ganz konkret und praktisch möglich ist. Nicht digital oder analog, sondern integral und universal, ganzheitlich in seinem Sein und Werden; Form und Formiertheit in gelebter Gestalt gegenüber Information und Informiertheit, zu der lediglich die Kenntnis der hier ebenfalls beschriebenen Geschichte gehört.

Nicht Wissen oder Weisheit, sondern Wahrheit und Wirklichkeit bestimmen den Weg der Übung des ZaZen, wofür für jeden das eigene Herz die rechte Übungshalle darstellt: „Waga shin kore dojo" – mit den Worten von Dogen Zenji. Es bedarf dazu also gar keiner besonderen Umstände *(Muga):* Jetzt und hier, in der praktischen Gelebtheit und Gangbarkeit der kleinen Schritte, auch im Alltag von Familie und Beruf, erschließt sich immer neu der Übungsweg des Laien *(Koji-Zen),* den es ganz einfach vorwärts- und weiterzugehen gilt, auch ohne schon zu wissen, wohin er führt. „Da ich keinen Zielort habe, verlaufe ich mich nie" – sagte dazu Ikkyu, der sympathische Haiku-Dichter.

„Ho Ho Kore Dojo" – Schritt für Schritt, das ist der „Weg-Ort" der Zen-Übung, das zu Hause *(Zaike-Zen)* und überall geübt werden kann. So zeigt es auch die klassische Zen-Tuschspur von Tetsuo Nagaya: Zu Hause im hauslosen Haus, wofür das eigene Herz *(waga shin)* in seiner Einmaligkeit und existentiellen Auswegslosigkeit der einzig zugelassene Zielort ist im Überall und Nirgends, in das es jeweils einzutreten gilt. Dort, im Umgang mit dem Unbekannten und der Vertrautheit mit dem Fremden, mag schließlich erkennbar werden, was als wahres Wesen schon immer den Herzsaal unseres Selbst erleuchtet und erfüllt.

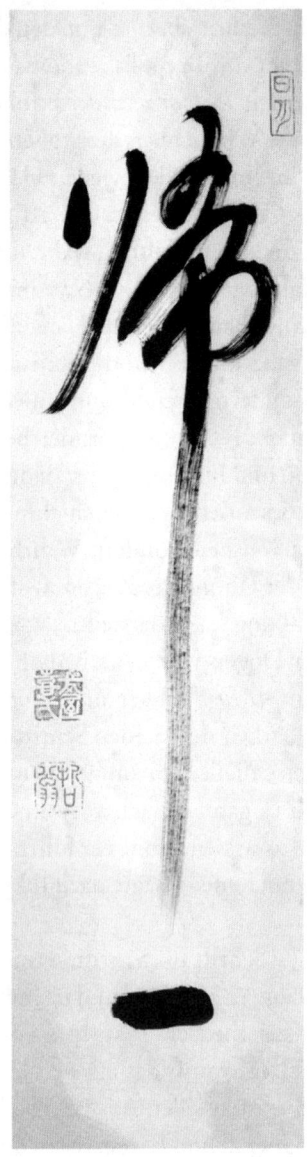

„Alles kehrt zurück zum Einen" von Nagaya

„Wohin kehrt das Eine zurück? – Das ist ein Koan!"

Anmerkungen

1 O. W. Barth/Scherz Verlag, Bern-München 1974/1989

2 zitiert nach: „Mein Glaube". Eine Dokumentation, hrsg. von Siegfried Unseld. Suhrkamp Verlag, Frankfurt 1974

3 Hrsg. von Raoul v. Muralt. 3. Aufl. Origo Verlag, Bern 1988

4 erschienen im Carl Hanser Verlag, München 1964-1973

5 engl. Ausg. 1979; dt. Ausg. „Die torlose Schranke Mumonkan". Kösel Verlag, München 1989

6 erschienen im O. W. Barth Verlag, Bern-München 1976

7 Die hundert Zen-Koans der „Eisernen Flöte". Origo Verlag, Zürich 1973

8 „Dokusan" ist das Einzelgespräch mit dem Meister

9 erschienen im Theuseus Verlag, Zürich-Berlin 1975 und 1983

10 „Zen – anders denken? Zugleich ein Versuch über Zen und Heidegger". Verlag Lambert Schneider, Heidelberg 1985

11 erschienen im Verlag Königshausen & Neumann, Würzburg 1998

12 zitiert nach den von Herbert Elbrecht herausgegebenen „Kleinen Schriften der Soto-Schule". Theseus Verlag, Zürich-München 1990

13 „Der Zen-Meister Hakuin Enkaku". DuMont, Köln 1989

14 zitiert und mit Anmerkungen nach dem Text von Shueji Ohasama und August Faust in: „Zen – der lebendige Buddhismus in Japan". Gotha, Stuttgart 1925

15 die deutsche Übersetzung von Ella Kaufmann erschien zuletzt, mit dem neuen Untertitel „Die innere Kraft der Samurai", im Ansata Verlag, Interlaken 1985

16 in der deutschen Übersetzung von Werner Peterich erschienen im Verlag Droemer Knaur, München 1984 (Taschenbuch-Ausgabe 1987)

17 Econ Verlag, Düsseldorf 1983; Taschenbuch-Ausgabe Droemer Knaur, München 1984

18 zitiert nach Wolf-Dieter Wichmann, „Richtig Karate". BLV, München 2001

199

19 1910 in Japan geboren, 1961-1966 Botschafter der USA in Tokyo und später emeritierter Harvard-Professor

20 erschienen im Theseus Verlag, Berlin 1999

21 zitiert nach Werner Lind: „Budo – der geistige Weg der Kampfkünste". O. W. Barth/Scherz Verlag, Bern-München 1992

22 vgl. Anmerkung 21

23 so die aus dem Englischen übersetzte Wiedergabe der Erinnerung Jangs durch Dr. Mathias Schüz (3. Dan), in dessen Taekwondo-Schule im Züricher Oberland Jang regelmäßig als Trainer tätig ist. Jang ist 31 Jahre alt, lebt heute mit seiner Familie in Zürich und betreibt dort neben seiner Aufgabe als Nationaltrainer auch einen Taekwondo-Club

24 Yoon-Nam Seo in einem Interview, das Dominik Schütte für die Broschüre „Risiko" der Bayerischen Rückversicherung zum Jahresende 2000 auf S. 17 veröffentlicht hat. 1999 hat Seo sein Übungsbuch „Den Bambus biegen – Meister Seos Anleitung zum Glücklichsein", Heyne Verlag, München (TB-Ausg. 2001) veröffentlicht

25 Dieses und die weiteren Zitate von Meister Ueshiba stammen aus dem Buch „Aiki-Do und wir – Atem, Bewegung und spirituelle Entwicklung" von Winfried Wagner. Verlag Via Nova, Petersberg 1999

26 Dazu gibt es insbesondere von Toyo und Petra Kobayashi ein sehr informatives Handbuch zum Selbststudium „Tai Chi Ch'uan", Irisiana/Hugendubel Verlag, München 1979/1991 sowie von Petra Kobayashi „Der Weg des Tai Chi Ch'uan – geistiger Hintergrund und taoistische Praktiken", Irisiana/Hugendubel Verlag, München 1984/1996

27 erschienen im O. W. Barth Verlag. 24. Aufl. Bern-München 1985

28 auf Deutsch veröffentlicht in dem von Ryosuke Ohashi herausgegebenen Textband „Die Philosophie der Kyoto-Schule", Verlag Karl Alber, Freiburg 1990

29 in der Übersetzung von Sylvia Luetjohann

30 in der Übertragung von Horst Hammitzsch. Insel Verlag, Frankfurt 1949 ff., S. 118

31 Chado, der Teeweg. Theseus Verlag, Berlin, 2. Aufl. 1998

32 vgl. Anm. 30, op. cit., S. 13

33 „Der Blumenweg – das Glück des Blumenstellens". O. W. Barth Verlag, Weilheim/Obb. 1958

34 vgl. dazu auch mein Buch „Begegnungen auf dem Zen-Weg", Windpferd Verlag, Aitrang 2000, S. 72 und 75

35 „Tuschspuren – Bokuseki", hrsg. von Edgar Thriemer. Theseus Verlag, Zürich-Berlin, 3. Aufl. 1989

36 „Zen und Haiku oder Mu in der Kunst, Haikühe zu hüten; nebst anderen Texten für Nichts und wieder Nichts". Reclam Verlag, Stuttgart 1997

37 Museum of Haiku Literature, 3-28-10 Hyakunin-cho, Shinjuku-ku, Tokyo 160, Japan

38 O. W. Barth/Scherz Verlag, Bern-München, Neuausg. 1986

39 Herder Verlag, Freiburg i. Br. 1999

40 in „Haiku", 4 Bände, Tokyo Press 1949/51

41 vgl. Anm. 36

42 Erdmann Verlag, Tübingen-Basel 1970

43 vgl. dazu und zu den *Jisei* auch Ursula Ondang: „Hattori Ransetsu (1654-1701) – Formen des lyrischen Ausdrucks". Unveröff. Magisterarbeit der Universität Frankfurt/Main, 1994

44 Aus Günther Klinges Haiku-Gedichten sind mehrere deutsch-japanische Sammlungen entstanden, wie beispielsweise: „Wiesen im Herbstwind", Fubaisha 1973; „Rehe in der Nacht", Kadokawa-Shoten 1975; „Den Regen lieben", Kadokawa-Shoten 1978; „Morgengang im Wald", Ryokutehi-Sha 1980; „Ikarus-Träume", Ryuntaro Nagata, 1986, u. a.

45 Verfasserin des Buches „Die lautlose Stimme der einen Hand – Zen-Erfahrungen in einem japanischen Kloster", Econ Verlag, Düsseldorf 1983; vgl. dazu auch mein Buch „Begegnungen auf dem Zen-Weg", Windpferd Verlag, Aitrang 2000, S. 34

46 in der Übersetzung von Koichi Tsujimura und Hartmut Buchner erschienen im Neske Verlag, Pfullingen 1958

47 Sie sind hier nach der im Neske Verlag erschienenen deutschen Ausgabe wiedergegeben (siehe Anm. 46)

48 zitiert nach „Der Weg ist in dir". Benziger Verlag, Zürich 1992

49 vgl. Anm. 46, S. 94

50 vgl. Anm. 46, S. 126/27

51 in ihrem Buch „Zen und Management – Der meisterliche Weg". mvg-Verlag, Landsberg/Lech, 1995

52 „Der Weg der weißen Kugel – Notizen eines Barfußgolfers" (Ho Lin Wan Verlag, Heuchelheim 1998; ISBN 3-00-004105-2)

53 in der Übersetzung von Marion Steipe, Suhrkamp Verlag, Frankfurt 1963

54 DVA, Stuttgart, 16. Aufl. 1990

55 Texas A+M University, 1996

56 Windpferd Verlag, Aitrang 2000, S. 153 ff.

57 Rotbuch Verlag, Hamburg 1997 (rororo-TB 1999)

Literaturauswahl

Abe, Masao: Zen and Comparative Studies (Part II of „Zen and Western Thought"). University of Hawaii Press, Honolulu 1997

Aitken, Robert: Zen als Lebenspraxis. Diederichs, München 1988

Awakawa, Yasuichi: Die Malerei des Zen-Buddhismus – Pinselstriche des Unendlichen. Verlag Anton Schroll & Co, Wien-München 1970

Baker, Richard: Original Mind – the Practice of Zen in the West. Thorsons, 1999

Basho: Auf schmalen Pfaden durchs Hinterland. Dieterich, Mainz 1985

Beck-Ohara, Daniel R.: Heile dieses Herz – Mevlana Cellaleddin Rumi. Echo Publications, Bern 1996

Bi-Yän-Lu. Niederschrift von der Smaragdenen Felswand. Übs. u. erl. von Wilhelm Gundert. 3 Bde. Carl Hauser, München 1964-1973

Blätte, Jakob: Hokokuji, Zazen – Tagebuch eines Fremden in Japan. Selbstverlag, Tutzing 1982

Brantschen, Niklaus: Du selbst bist die Welt – Spiritualität und sozialpolitisches Engagement. Benziger, Zürich-Düsseldorf 1997

Chao-Hsiu, Chen: Das buddhistische Buch der Liebe. Lübbe, Bergisch-Gladbach 1997

Decaux, Jacques: Livre Zen. Edition Monika Beck, Zweibrücken 1970.

Dogen Zenji: Shobogenzo – Die Schatzkammer der Erkenntnis des wahren Dharma. Theseus, Zürich; Bd. 1: 1977, Bd. 2: 1983

Dogen & Keizan: Dogen-Zen. Kleine Schriften der Soto-Schule. Theseus, Zürich-München 1990

Dürckheim, Karlfried Graf: Japan und die Kultur der Stille. O. W. Barth, Weilheim 1971

ders.: Wunderbare Katze und andere Zen-Texte. Herder, Freiburg 1996

Duerr, Hans-Peter u. Zimmerli, Walther Ch. (Hrsg.): Geist und Natur. Über den Widerspruch zwischen naturwissenschaftlicher Erkenntnis und philosophischer Welterfahrung. Scherz, Bern-München-Wien 1989

Dumoulin, Heinrich: Zen – Geschichte und Gestalt. Francke, Bern 1959

ders.: Zen im 20. Jahrhundert. Kösel, München 1990

Erlinghagen, Helmut: Japan – ein „deutscher Japaner" über die Japaner. DVA, Stuttgart 1974

Fox, Matthew und Sheldrake, Rupert: Engel – die kosmische Intelligenz. Kösel, München 1998

Fromm, Erich, Suzuki, Daisetz Teitaro und de Martino, Richard: Zen-Buddhismus und Psychoanalyse. Suhrkamp, Frankfurt/M. 1974

Groening, Lies: Die lautlose Stimme der einen Hand – Zen-Erfahrungen in einem japanischen Kloster. Econ, Düsseldorf 1983

Goepper, Roger (Hrsg.): Worte des Buddha. Kalligraphien japanischer Priester der Gegenwart. Sammlung Seiko Kono, Abt des Daian-ji, Nara. Museum für Ostasiatische Kunst, Köln 1982

Hauser, Renate: Kreuzweg, in: Capital, Köln 2/1988

Herrigel, Eugen: Zen in der Kunst des Bogenschießens. O. W. Barth, Weilheim, 9. Aufl. 1960

Hisamatsu, Hoseki Shinichi: Die Fülle des Nichts – vom Wesen des Zen. Neske, Pfullingen 1975

ders.: Die fünf Stände von Zen-Meister Tosan Ryokai – Strukturanalyse des Erwachens. Neske, Pfullingen 1980

ders.: Philosophie des Erwachens – Satori und Atheismus. Theseus, Zürich-München 1990

Hungerleider, Fritz: Das Zen-Seminar – ein Leitfaden für Übende und Lehrer. Herder, Wien 1976

Issa: Die letzten Tage meines Vaters. Dieterich, Mainz 1985

Jäger, P. Willigis: Die Suche nach dem Sinn des Lebens. Verlag Via Nova, Petersberg 1997

Joschke, Bernd und Stemmann, Peter: Zen und Management – der meisterliche Weg. mvg-Verlag, Landsberg/Lech 1995

Kapleau, Philip: Die drei Pfeiler des Zen; Lehre – Übung – Erleuchtung. Rascher, Zürich-Stuttgart 1969

Krusche, Dietrich: Haiku. Bedingungen einer lyrischen Gattung. Erdmann, Tübingen-Basel 1970

Lassalle, Hugo M. Enomiya: Zen – Weg zur Erleuchtung. Herder, Wien 1960

ders.: Zen-Unterweisung. Kösel, München 1987

Low, Albert: Zen and Creative Management. Anchor Books/Doubleday, New York 1976

Moser, Franz: Bewußtsein in Beziehungen – die Grundlagen einer holistischen Ethik. Leykam, Graz 1991

Müller, Claudius (Hrsg.): Zen und die Kultur Japans – Klosteralltag in Kyoto. Dietrich Reimer Verlag, Berlin 1993

Munen muso – ungegenständliche Meditation. Festschrift für Pater Hugo M. Enomiya Lassalle zum 80. Geburtstag. Hrsg. von Günter Stachel. Matthias Grünewald, Mainz 1978

Nagaya Roshi, Tetsuo Kiichi: Tuschspuren – Bokuseki. Theseus, Zürich 1985

Nakagawa, Fumon S.: Zen – weil wir Menschen sind. Theseus, Berlin 1997

Nishitani, Keiji: Ikebana – über die reine japanische Kunst. Übs. Rolf Elberfeld. In: Philosoph. Jahrbuch, 98: 1991, 2. Halbband. S. 314 – 320

Nishitani, Keiji: Was ist Religion? Insel Verlag, Frankfurt/M. 1982

Nyanaponika: Geistestraining durch Achtsamkeit. Verlag Christiani, Konstanz 1970

Der Ochs und sein Hirte. Zen-Geschichte aus dem alten China. Erl. von Daizohkutsu R. Ohtsu. Neske, Pfullingen 1958

Ohasama, Shueji und Faust, August: Zen – der lebendige Buddhismus in Japan. Gotha, Stuttgart 1925

Ohashi, Ryosuke (Hrsg.): Die Philosophie der Kyoto-Schule – Texte und Einführung. Karl Alber Verlag, Freiburg-München 1990

Oshima, Yoshiko: Nähe und Ferne – mit Heidegger unterwegs zum Zen. Königshausen & Neumann, Würzburg 1998

dies.: Zen – anders denken? Zugleich ein Versuch über Zen und Heidegger. Lambert Schneider, Heidelberg 1985

Reps, Paul (Hrsg.): Ohne Worte – ohne Schweigen; 101 Zen-Geschichten und andere Zen-Texte aus vier Jahrtausenden. O. W. Barth; Bern, München, Wien 1976

Ring, Thomas: Existenz und Wesen in kosmologischer Sicht. Aurum, Freiburg 1975

Sborowitz, Arie: Beziehung und Bestimmung – Martin Buber und C. G. Jung. Wissenschaftl. Buchgesellschaft, Darmstadt 1955

ders.: Der leidende Mensch. Wissenschaftl. Buchgesellschaft, Darmstadt 1974

Shibayama, Zenkei: Zu den Quellen des Zen. O. W. Barth, Weilheim 1976

Shore, Jeff: The Source of Zen: Who Transmits What? Lineage and Transmission in Zen-Buddhism. FAS Society Journal, Kyoto 1999

Steinke, Martin (Tao Chün): Der Lebensschlüssel – Bewußtwerden und seine umfassende Kraft. Delp, München 1968

Stürmer, Ernst: Zen – Zauber oder Zucht? Herder, Wien 1973

Suzuki, Daisetz T.: Zen und die Kultur Japans. O. W. Barth, Weilheim 1994

Suzuki, Shunryu: Zen-Geist – Anfänger-Geist. Theseus, Zürich 1975

Takeichi, Akihiro: Das Bild von Mensch und Natur im 21. Jahrhundert. Institut für fundamentale Menschenontologie an der Graduierten-Schule für Menschen- und Umweltforschung, Universität Kyoto 1995

Tanahashi, Kazuaki: Der Zen-Meister Hakuin Ekaku. DuMont, Köln 1989

Towards a European Zen? Report from a symposium in Stockholm, Sept. 1993. Zenvägen/ Henrik Karlsson, Uppsala 1994

Uchiyama, Kosho: Weg zum Selbst; Zen-Wirklichkeit. O. W. Barth, Weilheim 1973

Viallet, Francois-Albert: Zen – Weg zum Anderen. O. W. Barth, Weilheim 1972

Wohlfart, Günter: Zen und Haiku oder Mu in der Kunst, Haikühe zu hüten; nebst anderen Texten für Nichts und wieder Nichts. Reclam, Stuttgart 1997

Yamada, Koun: Die torlose Schranke – Mumonkan. Kösel, München 1989

Zürn, Peter: Begegnungen auf dem Zen-Weg. Windpferd, Aitrang 2000

ders.: Ethik im Management. FAZ-Verlag, Frankfurt/M., 2. Aufl. 1991

ders.: Führung und Vorbild – Existential-Aphorismen. FAZ-Verlag, Frankfurt 1997, 2. Aufl. 2001

ders.: Japan zwischen Yen und Zen – Vom Geist und Stil der Söhne der Samurai. Verlag Moderne Industrie, Landsberg/Lech 1987

ders.: The way of nowayness, in: FAS Society Journal, Kyoto 1995

Bildnachweis

Personenregister

Peter Zürn

Begegnungen auf dem Zen-Weg

Erlebnisse und Erfahrungen

Peter Zürn, ein Mann der westlichen Wirtschaft und ein Kenner fernöstlicher Geisteshaltung, zugleich Wanderer und Vermittler zwischen diesen so gegensätzlich erscheinenden Welten. In Begegnungen und Erfahrungen mit Menschen fokussieren sich Peter Zürns Erinnerungen, die von heute bis in die Zeit zurück reichen, da Zen für die Suchenden im Westen besser zugänglich, also gelebt und gelehrt und damit zum Weg und zur Sinnsuche wurde. Hier begegnen wir Menschen, die in der und für die Geisteshaltung des Zen gelebt, gelehrt und zuweilen auch um sie gerungen haben, Weg-Gestalter und meisterliche Menschen. Ein unterhaltsames und lehrreiches Lesevergnügen für Reisende auf dem Zen-Weg: in Praxis und Alltag, die sich um ein wenig mehr an Bewußtheit bemühen.

208 Seiten · ISBN 3-89385-337-5
www.windpferd.com

René van Osten

I Ging – Das Buch vom Leben

Wegweiser zu einem Leben in Einklang mit den sichtbaren und unsichtbaren Kräften

In diesem Buch werden die die Türen zum Verständnis der 64 Hexagramme geöffnet. Das Kernstück bilden die Texte und Kommentare zu den Hexagrammen. Der von René van Osten gewählte Stil folgt der Tradition tiefer Weisheit und baut zugleich sprachliche Brücken zum 21sten Jahrhundert.

Die dem I Ging innewohnende Welt- und Weitsicht ist von unermeßlicher Tiefe. René van Osten reicht mit diesem Buch all jenen, die den Sprung in höhere Erkenntnisebenen wagen wollen, eine hilfreiche Hand.

Das I Ging kann für sich beanspruchen, in seiner Kraft und Weisheit ebenso bemerkenswert zu sein, wie beispielsweise die Bibel. René van Osten gehört zu den wenigen Menschen, die heute die „Hohe Schule des I Ging" lehren.

ca. 500 Seiten, ISBN 3-89385-336-7
www.windpferd.com

Martin Schönberger

Weltformel I Ging und genetischer Code

Ein Wegweiser zu den Strukturen organsicher Energie in der Polarität von Geist und Natur

Das I Ging wird auch „Das erste Buch unter dem Himmel" genannt – und blickt auf eine Geschichte von über 5000 Jahren zurück.

Mit dem genetischen Code wurde der Bauplan des Lebens entdeckt – die Verschlüsselung der genetischen Informationen für die Proteinsynthese in genau 64 Tripletts.

Das I Ging umfaßt 64 Hexagramme und erhebt ebenfalls den Anspruch, das Gesetz des Lebens entdeckt zu haben. Dr. Schönberger entdeckte beeindruckende Analogien beider Systeme – und stellt so die These auf, daß die Muster beider Schlüssel übereinstimmen, es sich lediglich um verschiedene Codes handelt, durch die eine einzige Weltformel hindurchscheint.

ca. 144 Seiten · 3-89385-345-6
www.windpferd.com

Runjin Wu, Dr. Erika Alice Haase

Die Heilkraft Chinesischer Tees

Zubereitung und Heilanwendungen · Grüner Tee, Weißer Tee, Gelber Tee, Roter Tee, Schwarzer Tee, Oolong Tee, Blumentee

Gesund und fit, ruhig und gelassen, vital und ausdauernd – so sollten wir den Anforderungen des Alltags begegnen. Machen Sie sich die Weisheiten der traditionellen chinesischen Medizin zunutze und vertrauen Sie dem Jahrtausende alten und hundertfach bewährten Geschenk der Natur: Tee. Das Buch hilft Ihnen, die Signale Ihres Körpers im Sinne einer ganzheitlichen Therapie besser deuten und den entsprechenden Tee richtig und wirkungsvoll einsetzen zu können. Darüber hinaus unterhält es Sie mit wunderschönen Legenden einer für uns fremden Welt, weiht Sie in fernöstliche Traditionen ein und unterweist Sie im richtigen Umgang mit Tee. Kraft, Ruhe und Gelassenheit und eine stabile Gesundheit werden Sie künftig in Ihrem Alltag begleiten.

112 Seiten, 3-89385-307-3
www.windpferd.com